“ものごとが決められない自分”を変える法

林 日奈
Hina Hayashi

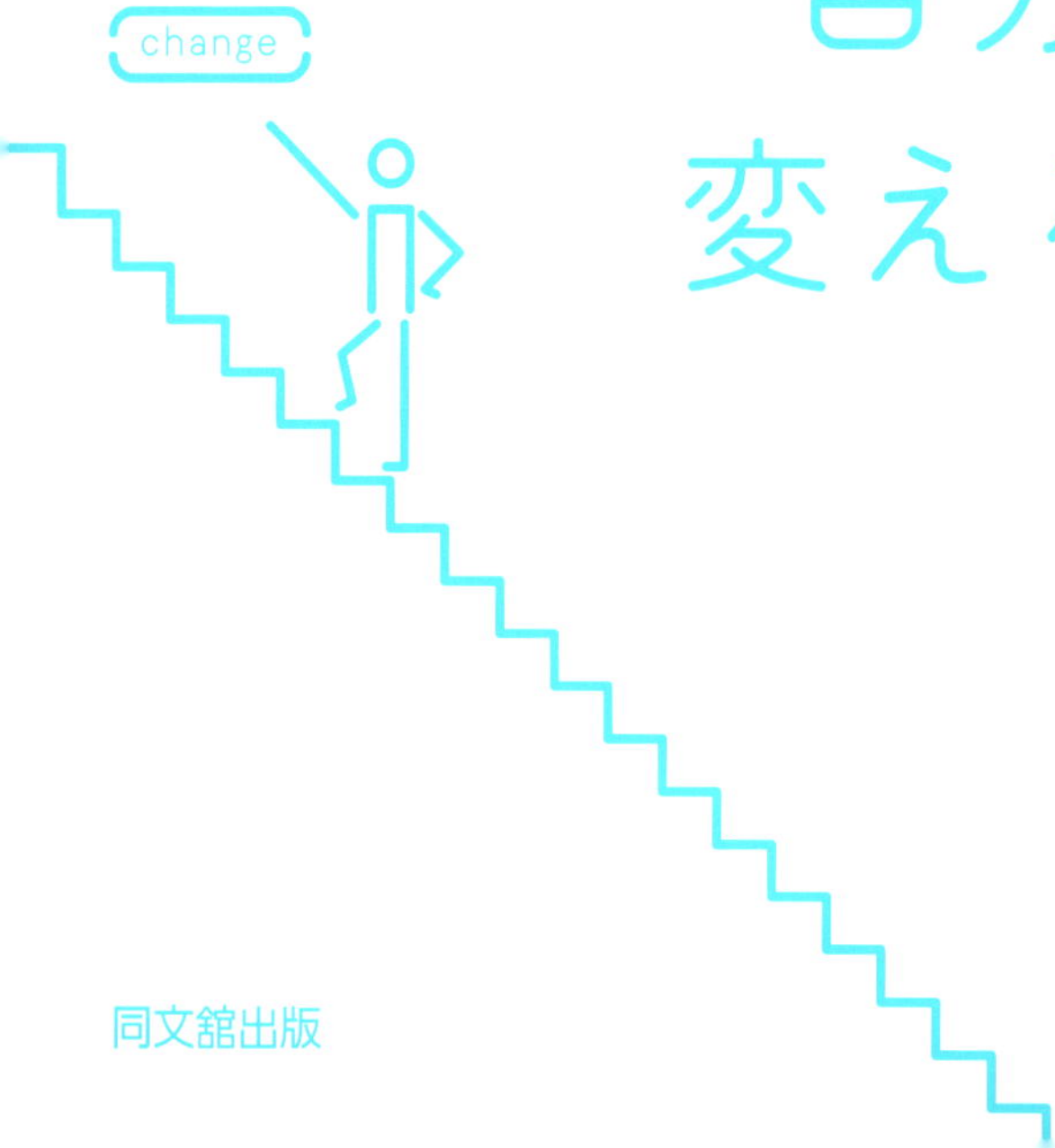

同文舘出版

はじめに

あなたは、思ったときに思った通りに行動ができていますか？

「やらなければならない」
「やったほうがいい」
「やってみたい」

なのに、行動ができない。頭の中では行動すべきだと十分にわかっている。でも、行動できない。どうしてなんだろう……そこには何があるのだろう……。

その謎の解明を求めて、コーチングや心理学を学び、何百人もの人たちの話を聞きました。そして、そこに共通してあるものを見つけました。

共通してあるもの、それが「葛藤」です。

その葛藤を解消することができれば、人は楽に行動できるようになります。言いたいのに言えなかった言葉が、口をついて出てくるようになります。

あなたは、こんな話をごぞんじですか？

「50円玉を立ててください」と言われて、やってみてもなかなかできません。でも、「立てた50円玉に糸を通してください」と言うと、50円玉を立てることはすんなりできてしまうのです。

私がお伝えするのも、同じことです。葛藤を解消することが目的なのではなく、解消した先こそが重要な目的と捉えています。葛藤を解消することを目的としていたら、その方法も見つかりにくかったと思います。また、その方法をやっても効果は得られにくいかもしれません。そして、解消できた場合も「スッキリした」という気持ちになるだけで、現実はまだ何も変わっていないということです。

そもそも、葛藤を解消しても、行動しないのであれば、謎は残ったままです。

葛藤を解消する（50円玉を立てる）ことが目的ではなく、解消して行動する（立てた50円玉に糸を通す）ことを目的としてやっていただきたいのです。

私が、「行動できないのはなぜなのか」を解明したいと思ったきっかけは、仕事場で数々の「行動できない」場面に遭遇してきたからです。以前、コールセンターでオペレーターの指導育成という仕事をしていたときに、ほんのちょっとしたことが行動できずに成長できない方が多くいました。

いくら頭では理解していても、お客様に対して発揮してもらわなければ教育の効果はありません。3年間で400人の新人を指導育成していく中で、行動に移してもらうことがいかに難しいかを実感しました。

そこで、コーチングを学び、さらに心理学や行動学などを学びました。

もちろん、実際に相談を受けながらお客様から学ぶことも多くありました。そういった中で見つけていった、行動できなかった人が行動できるコツです。その原因となっているのが、本書に書かれている「葛藤を超える」方法です。

この方法を自分自身に使ってみるだけでなく、ぜひ周りの行動できずに困っている方に伝えていってほしいのです。そして、心をスッキリさせるだけでなく、実際に一歩を踏み出していただきたいのです。

今回、この私のノウハウを多くの人に伝えるために、出版という道へ導いてくださった株式会社ユニークセリング・プロポジションの加藤洋一様、この人に読んでもらいたいという思いで書き進め、なかなか原稿が進まない私にあきれながらも付き合ってくださった、同文舘出版株式会社の古市編集長、いつも生き方を教えてくれるW先生とT先生、自分のことのように喜んで励ましてくれるN－1の仲間、今まで出会ったクライアントのみなさん、見守ってくれた家族、すべての方に心からありがとうという思いを込めて書かせていただきました。

どうか、みなさんにも、その思いが伝わることを願っています。あなたの明日も今も、そして過去でさえもあなたは変えることができます。ぜひこの本を活かしてください。

２０１４年２月　早朝自宅にて

contents

chapter 1

なぜ、あなたはものごとが決められないのか

chapter

2

葛藤の構造とはどういうものか

chapter 3

ものごとを決められるメリット、決められないデメリット

chapter

6

決められない自分を変えていくための6つの習慣

chapter

7

自分で選択できる明日を得るために

装幀・本文デザイン／高橋明香（おかっぱ製作所）

chapter

1

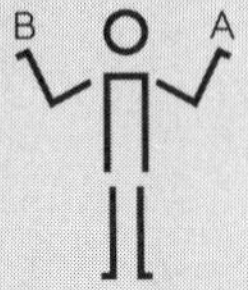

なぜ、あなたはものごとが決められないのか

section

1

日常の中に溢れる選択

もし、選択がなかったら

もし、この世の中に選択という手段がなかったとしたら、どうなっているでしょうか？　迷うことなく生きられて、やりたいことができる。自分らしい生き方ができる。

さて、本当にそうでしょうか？　選ぶことがない状態とは、たとえばこのような状態です。朝、ネクタイを締めようと、ワードローブを見てみると、同じ色の同じ柄のネクタイがずらり。また、ランチタイムに店に入ってメニューを見ると、たったひとつのメニューだけ。テレビを観たら、同じ番組ばかり。

選択は、あなたを迷わせるのではなく、あなたの人生を充実させるものなのです。

小さな選択の連続

あなたの眼の前に、選択は次々に現われてきます。目を覚ましたときから、いえ、目を覚まそうとするときからはじまります。目を覚まそうかな、どうしようかなという選択。そして、顔を洗う水の温度は？　今日の気温ならコートは必要かな？　朝、目を覚ましてから、家を出るまでにもいくつもの選択があるはずです。仕事をしているときは、さらに選択の連続です。どの仕事から片づけようか？　メールの問い合わせに対して、何と返信しようか？

行動のすべて、思考のすべては選択ではないでしょうか？　実は、無意識のうちにあなたは多くの選択をしています。決められない問題は、ほんの一部です。そして、その選択があなたの印象を作り（ネクタイ選びによって）、あなたの健康を作り（ランチメニューによって）、あなたの知識を豊富に（TV番組によって）しているのです。あなたが選択したものごとによって、あなたの生活が作られているのです。

あなたは、ものごとを決めているだけのつもりだったかもしれませんが、日常的な小さな選択であっても、それによってあなたの時間が変化しています。小さな選択も、その積み重ねによって大きな変化となっていきます。

あなたが無意識で行なっていた選択。それが、あなたの人生を左右する結果となっていくのです。

小さな選択こそ重要

そんな大切な、ものごとを決めるという行為「選択」を、あなたは大切にしてきたでしょうか？　ものごとを決められないで困っている方は、まず小さな選択の大切さを知ってください。大きな選択に出会って戸惑ってしまうのは、小さな選択を無意識に行なっていて、それが徐々に違う方向に進んでしまっていたからかもしれません。

あなたの小さな選択が、あなたの生活を作り出すのなら、あなたが「こうなりたい」と思う生活も、あなたの選択によって作り出すことができるのです。今、あなたがどうするのかという選択があなたの将来を作っていきます。決められないことで困るということは、あなたがこの先どうなりたいのか、真剣に考えるチャンスがやってきたということです。本書で、どうやってそれを考えたらいいのか、その手順や心構え、効果などを学んでください。

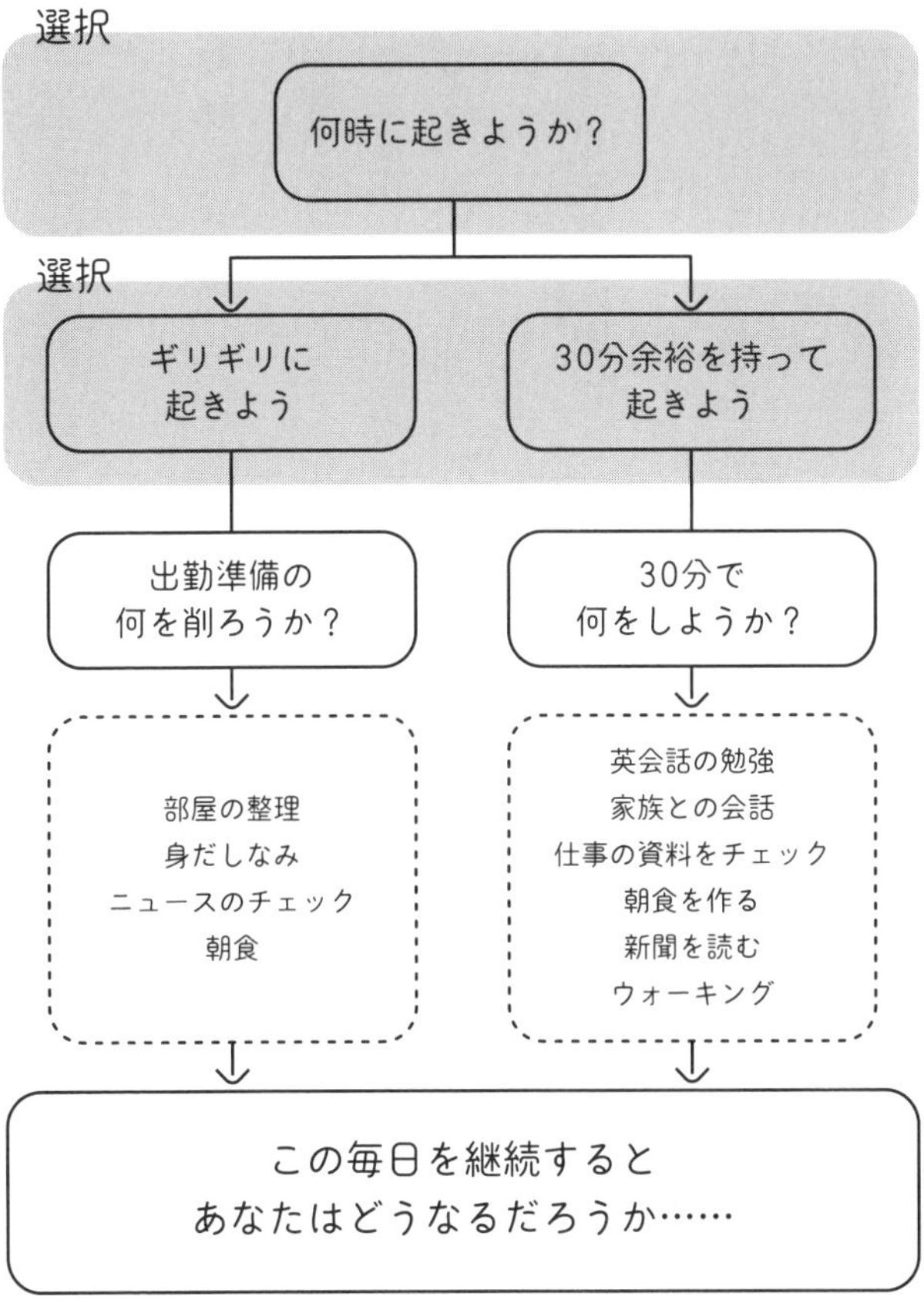

日常の中にある選択

何時に起きようか？／新聞のどこを読もうか？／お昼は何を食べようか？
どの仕事から始めようか？／取引先に連絡しようか？／上司にいつ報告しようか？
資料はいつ作ろうか？／何時に帰ろうか？／寄り道しようか？……など

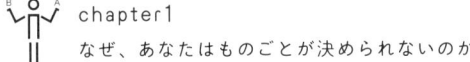

section 2

あなたのこんな経験が「葛藤」です

「葛藤」とは

「葛藤」とは何でしょうか？　葛藤を辞書で調べると、「心の中に反対の動機や欲求、感情が存在して、その相反するものの間で迷うこと」とあります。そして、仏教においては、まっすぐな心に蔦がからみつくようにして、煩悩が邪魔をすることを葛藤と言うようです。

私が定義する葛藤は、「2つ以上の選択肢がある状態で、どちらにするかを決められず、そのことに関する行動が止まってしまっている状態」です。そして、仏教的な意味合いである、煩悩が邪魔をして進むべき道に進めないという状態になっていると考えています。

複数ある選択肢から選ぶことができないことが葛藤ではありません。選べないことに悩んで、行動できずにいる状態です。どういうことかというと、「選べないなぁ～」

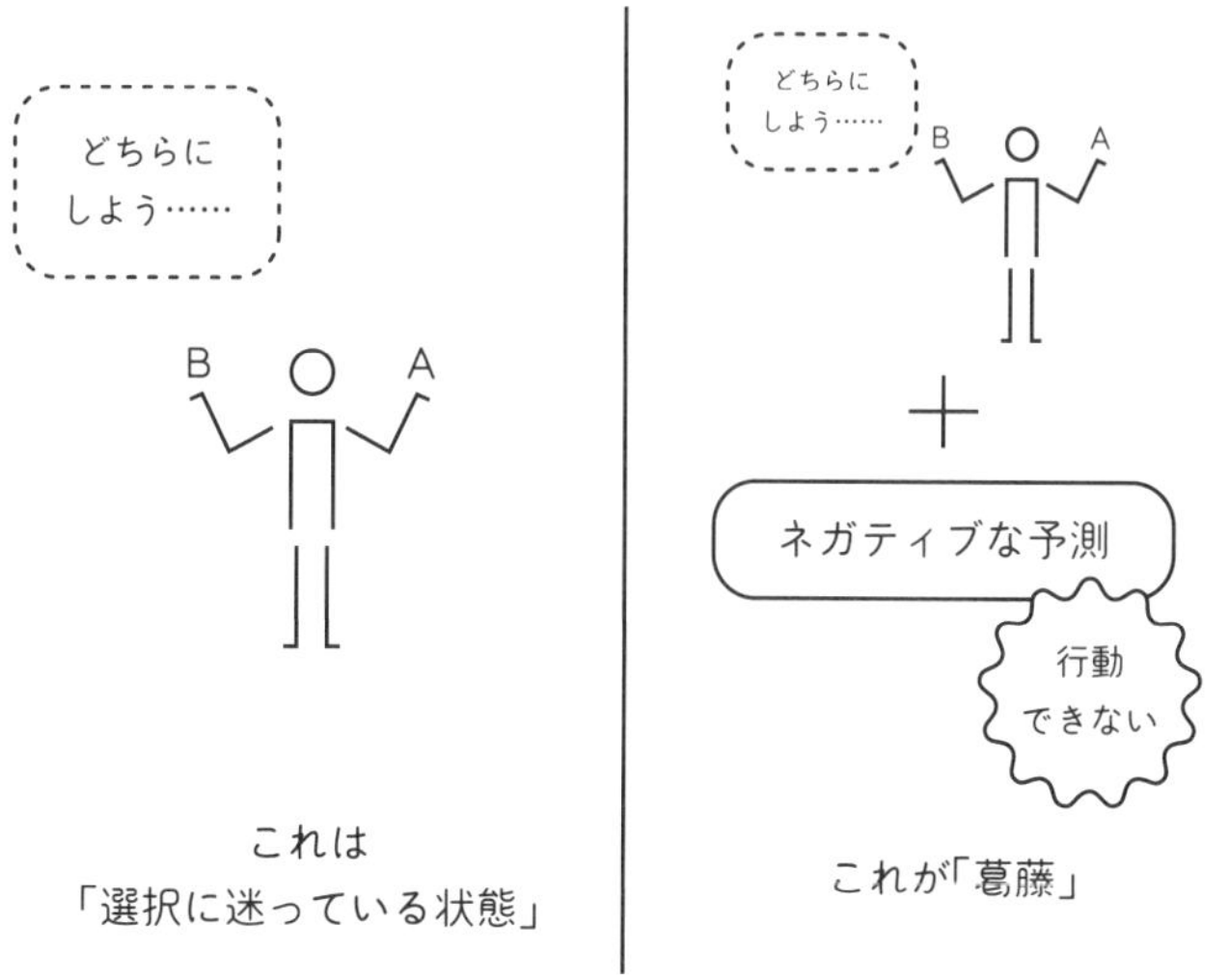

という状態であっても、困っていないときもあります。「かわいい女子社員から飲みに誘われた。どの店に行こうかな～」という選択の場合は、まったく悩みません。迷うことがうれしいぐらいでしょう。つまり、選べないことが葛藤ではないのです。

行きたくない得意先と食事に誘われたとき、断って家に帰れば将来に向けての勉強ができる。でも行かなければ、契約がダメになってしまう。行くか行かないかの選択肢にまとわりつくさまざまな感情や思惑が、あなたを動けなくさせてしまう。蔦のようにからみつく感情や思惑が、あなたを動けなくさせているのです。

動くためには、その蔦をほどいていかなければなりません。蔦がからまったまま、無理に進んでも、なかなか進んでいくことはできません。何かのきっかけで、蔦がほどけて前に進むことができる。それが、葛藤を超えたということです。

葛藤は行動できない状態

葛藤は、あなたが動けなくなっている状態とも言えます。たとえば、好きな人に告白しようとするとき、なかなか相手に自分の気持ちが伝えられずに、いろいろなことを考えることがあります。相手の返事がＯＫだった場合の幸せな想像もすれば、ＮＯだった場合のダメージを受けた想像に落ち込んだりして、想像に振り回されてしまう。そして、なかなか告白ができない。これが葛藤です。

あるいは、上司に仕事の失敗を報告しなければならない状況のとき。早く報告して対策の指示を仰がなければならない、ところが大切な仕事を失敗してしまったので、ひどく叱られるし、査定にも響くので言い出しにくい。でも、言わないですむようなことでもない。このように、「でも……」が頭の中に渦巻いて、どんどん時間が過ぎてしまい、さらに言い出しづらくなる。こんな葛藤もあります。

他にも、日曜日に子どもと遊びに出かけたいのに、仕事がたまって残業続きで身体が疲れきっている。子どもの喜ぶ顔が見たいし、「パパ大好き」と言ってもらうことが何よりうれしい。でも、ここ数週間、睡眠時間が3〜4時間で、日曜日に休んでおかないと翌日からの仕事に差し障る。子どもの笑顔が自分のエネルギーでもあるのに、それが見られないのは辛い。「あ〜、でも……」と、やはりここでも頭の中に「でも……」が渦巻いて、動けなくなってしまいます。これも葛藤です。

また、私がコーチとしてご相談を聞く中で、本人は葛藤を抱えているとは思っていないけれど、くわしくお話を聞いていくと、心の奥に葛藤がある場合も多くあります。悩みの深い方ほど、その原因は葛藤である確率は高くなります。

過去にも葛藤していたのでは？

このように、あなたの生活の中にも、葛藤によって動けなくなってしまったときがあったのではないでしょうか？　その葛藤があなたに与える影響は、多くの場合マイナスなものではないでしょうか？　だからこそ、解消したいのです。

次の項からは、さまざまな葛藤のパターンを分類して、説明をしていきます。葛藤を超えるためには、まずその正体を知っておく必要があります。自分自身の葛藤を超えるためにも、また周りの決められない方の心理状態を知って、問題解決のサポートをするためにも、葛藤のパターンを理解しておきましょう。

section 3

決めた経験が乏しい選択初心者

疑問を持たない

「ものごとが決められない人はどういう人ですか？」という質問をよく受けることがあります。その中で、「こういう人ではないですか？」と言われる代表的なパターンとは、自分で決めたことがあまりない方です。いつも、誰かが決めたことに従ってきた平和主義的な方です。親や先生、上司に友だち、恋人など、周りの方の言う通りに過ごしてきた方です。

今までは、そのやり方ですんできました。でも、いつまでもそのやり方ではいられません。自分で決めるときが来たのです。

みんなで飲みに行こうというときは、自分が行きたい店を考えるでもなく、誰かが「ここにしよう」という店に疑問も持たずについていき、就職もここがいいんじゃないかと言われる会社にし、会議では自分から提案することはなく、したとしてもどこ

選択初心者の心理状態

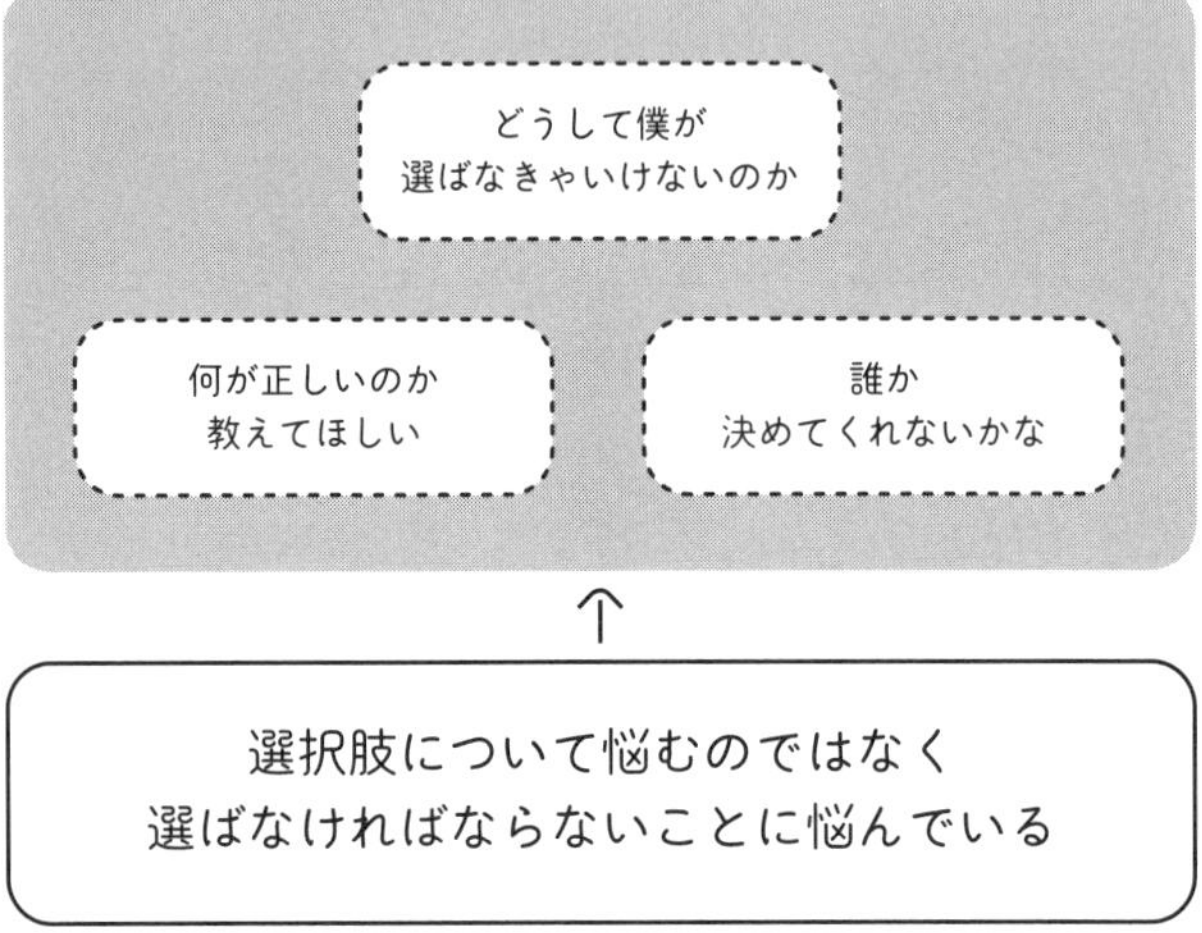

かで見たような無難な案を提案する。そんな毎日を過ごしてきた。ものごとを決めた経験がとても少ない「選択初心者」。

初心者なので、ものごとを決めるときの手順もわからなければ、決めた後、自分はどうなるのか、それもわかりません。

選択初心者の特徴は、前に出ない、自信がない、人と違うことはしたくない。自分の意見を持たない人です。だからこそ、自分で決めないでいられるのです。

では初心者は、どうやってものごとが決められるようになるのでしょうか？　答えは簡単です。経験を積めばいいのです。今までは自分で決めていなかったので、とても大きな喜びも味わってこなかった代わりに、大きな悔しさや悲しみも味わってこなかったと思います。自分で決めるということは、その責任を負うことです。だから、怖くもあり、自分で決めることを避けてしまうのです。

けれど、もし自分で選んだとしたら……それによって何が得られるのでしょうか。それは、選んだ結果です。失敗も成功も、結果として得られます。失敗をすれば、後悔や自己嫌悪など、さまざまな感情が湧いてきます。成功すれば、達成感や喜びなどが湧いてきます。それは小さな選択でも、大きな選択でも得られるものは同じです。「大きな喜びや達成感が得られる」というメリットがあっても、選択初心者はそんなものは必要ないから、選ばないですむ方法はないのかと探してしまいます。誰か代わりに決めてくれないか……と、ギリギリになっても考え続けます。

自分一人で決める

こんな、ちょっと困った選択初心者の場合、どうしたらものごとが決められるようになるのでしょうか？　そこには、その人が選択初心者になった経緯が影響しそうで

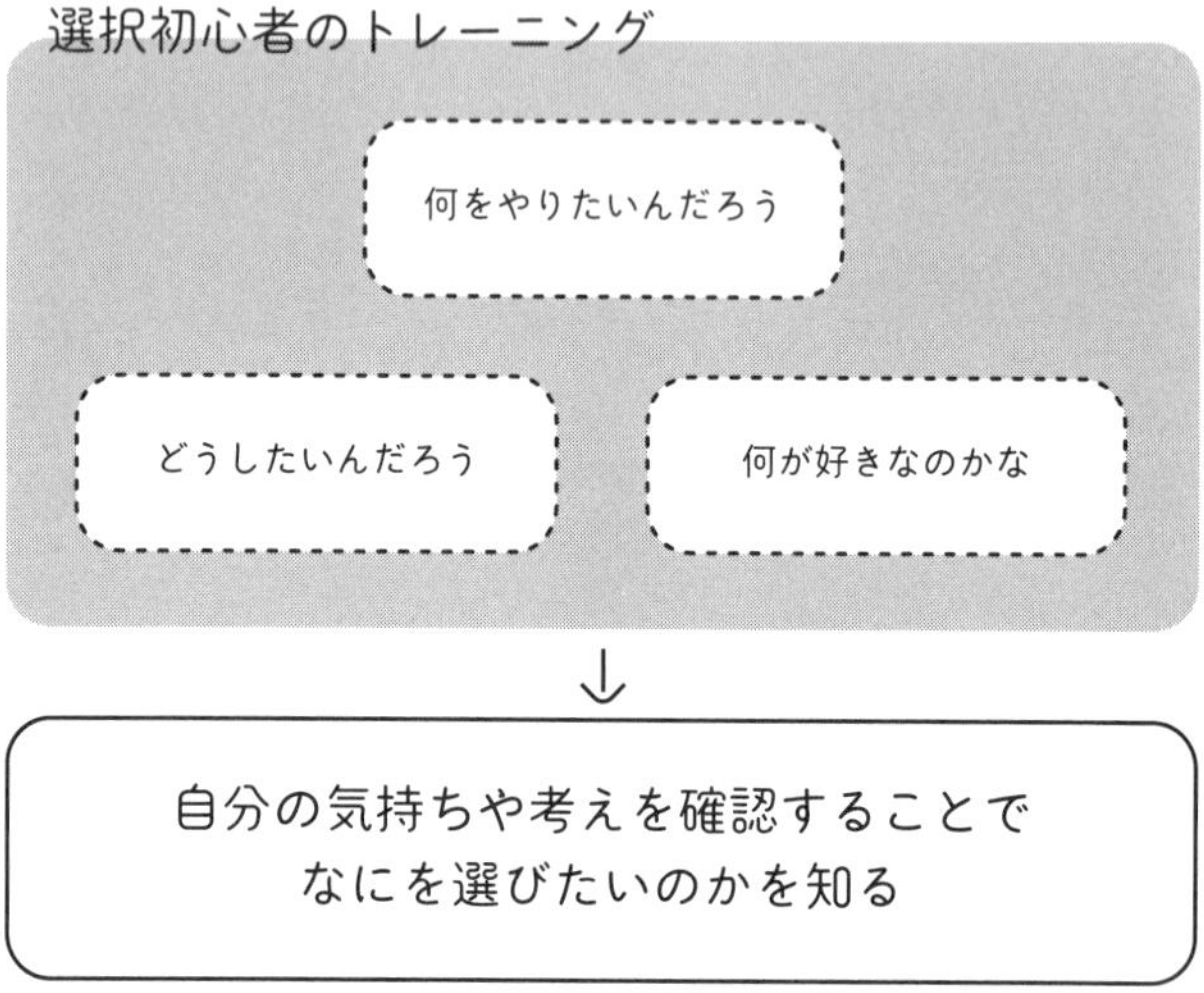

す。

選択初心者は、こんな環境で作り上げられてきました。基本ワードは「みんなと同じ」、これが重要な価値です。「一般常識の中にいることが大切」だと教えられてきました。一般常識は多数決で決まるようなものなので、周りの様子を把握して、多数のほうに入るようにしてきました。

ここに、選択初心者の問題があります。周りの状況を見て、そこに合わせるという習性が身についてしまっているのです。自分で決めているつもりですが、実は周りに決めてもらっているのです。本人は、周りの動きを見ているだけなのです。

周りの動きを見て、それによって決めているので、自分一人で決める状況になると決められない。決められるようになるには、周りの意見がわからないような状況で自分の意見を出すトレーニングが必要です。ものごとを決めるときには、周りの意見を聞けない環境を作っておくこと。そして、周りに確認もしないことです。

他の人がどんな選択をするのか、見てはいけません。あなたの選んだことがもたらす結果をすべて引き受けることができるようになるには、人のせいにできる環境を作ってはならないのです。自分自身の考えで選んで、自分で決めた。その経験によって、〝決められる人〟になっていくのです。

誰でも、最初は初心者です。自分で決めなければならない状況に出会うのが遅いか早いかの違いです。幸い、今決めなくてはならないことに出会えました。

ただし、出会った今、それをどうするのかによって、あなたの今後が変わってきます。出会った今、自分で決められるように取り組むのか、今までのように周りの意見によって決めたふりをするのか、今があなたの分岐点です。

section

4

決める自信があったはずの選択玄人

今までのやり方が通用しない

先ほどの選択初心者は、単純に経験がなかっただけです。だから、何とか最初の一歩を踏み出すことができれば、少しずつであっても「決められる人」になっていくことができます。

ところが、今まで自分で決めてきた方が、ふと決められない場面に遭遇してしまうことがあります。私はこれを「玄人」と呼んで比較したいと思います。

実は、こちらの選択玄人のほうが、深い葛藤にはまり込んでしまいがちです。それはなぜでしょうか？

今まで選択玄人の方は、自分でものごとを決めてきました。決めるということは、何らかの選択基準を持っていて、その基準に照らし合わせて、決定をしてきたわけです。ところが、その選択基準が急に効力を発揮しなくなってしまうような選択肢に出会ったのです。

今まで、自信を持って事に当たってきた方に選択玄人は多いものです。彼らは、自分の生き方について、確固たるものを持っています。そして、比較的今まで起きた出来事は、自分自身でコントロールができていた。自分の思考や感情についてもさまざまな本を読み、先駆者の意見を聞いて、成長させてきた……そう思っている人が選択玄人には多いのです。

その自信が、混乱させるのです。今までできたことができないことに、本人自身が混乱して、より深く悩んでしまうのです。

たとえば、こんなことがありました。ある大学の講師もしている男性のお話を聞いたときのことです。この方は、コミュニケーションについての研究をしているのですが、聞いていくと、この男性は一番難しい感覚的な部分についてやりたいように感じました。そこで、そのことをお伝えすると、いや、それは……と言い訳がはじまります。他の研究に関しては興味が薄いようなのです。なのに彼は、一番取り組んでいきたい課題をやってみようという決断ができないのです。

では、なぜ決断できないのでしょうか？

選択玄人の心理状況

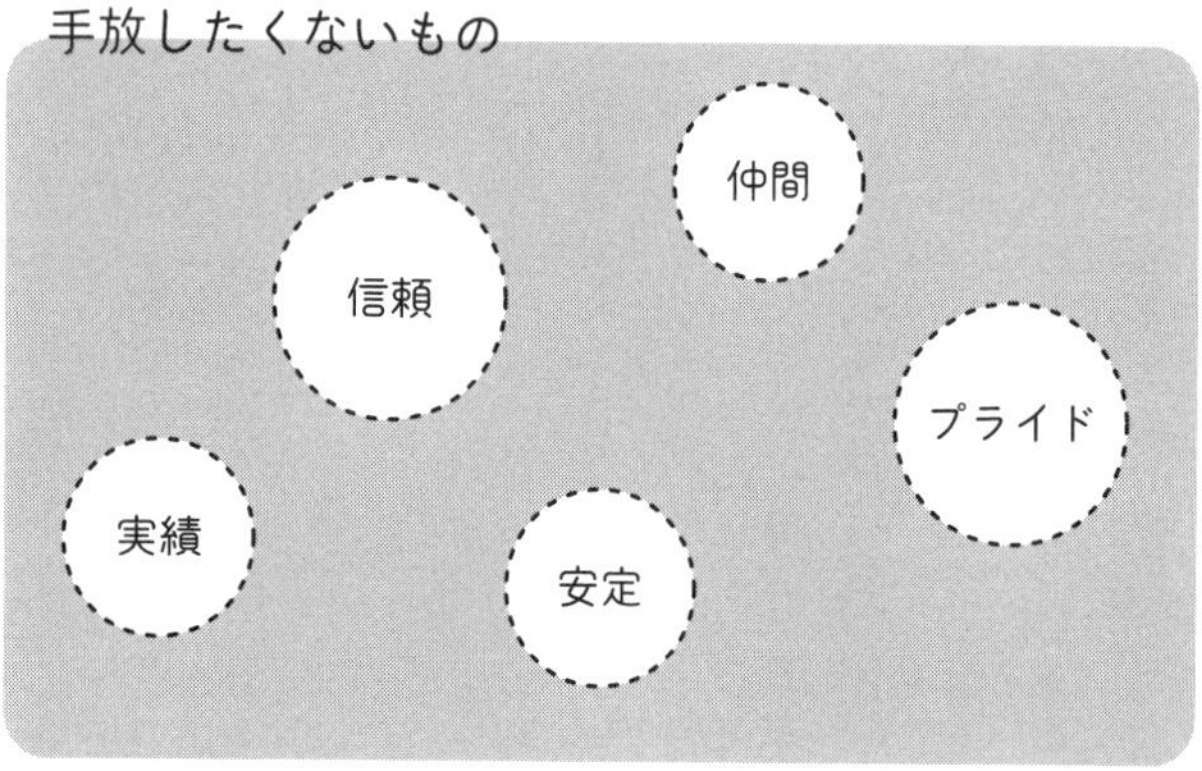

私は、そこに選択玄人の苦労があると感じています。選択玄人は選択苦労人なのです。選択をすると、もうひとつの道を断つことになります。そのことは納得しているのですが、選択苦労人は、作り上げた自分が崩れてしまうことを、実は恐れています。もし、自分が難しい研究課題を解き明かすことができなかったら……無駄な研究をしているという結果になってしまったら……。その想像が、決断できなくしているのです。選択玄人は、ずっと自分を失わない選択をしてきました。しかし、選択できない課題がやって来たということは、今までの自分を変えなけ

ればならないときが来たということです。

人生の先輩であろう選択玄人の方に向かって大変おこがましいのですが、あなたの生き方が問われているのです。今までの選択基準では、ここまでしか対応できないのです。転換期が来ているのです。

守りから新しい自分へ

この転換期を受け止めて、変化していくことができずに悩んでいるのです。自分を変えていくことが成長なのですが、年を重ね、経験を重ねるうちに、いつしか守りに入ります。

決断することは、選ばなかった選択肢の未来を放棄することです。前述の大学の講師を務める男性も、なかなか難しいと思える研究課題をやると決めることができませんでした。

私はその選択を、強要しているわけではありません。しかし、ご本人の気持ちを聞いていくと、難しいほうへと行きたがっているのです。

私は気持ちを整理して、後押しをしただけです。自分を失うわけではなく、新しい自分になるそのお手伝いをしただけです。

選択玄人の方が葛藤に飲み込まれているのは、転換期がやってきて、新しい自分になるときが来たということです。だからこそ、苦しむわけです。

section
5

決められない選択はいつやって来るのか

決められない選択は転換期

今まで順調に過ごしてきたあなた、決められないことはないと思ってきたあなた、今まで決めることを避けてきたあなた。あなたにとっては、選択することは突然やって来たのかもしれません。今まで何とかやってこられたのになぜ？　今まで、一所懸命やってきたのになぜ？　今まで順調だったのになぜ？

これまでもお伝えしましたが、葛藤するというのは、あなたの転換期がやって来たということなのです。転換するということは自分自身の再構築です。それは、蝶が羽化する前のサナギにも似ています。サナギの状態のとき、ただ休んでいるだけではなく、それまでの筋肉を溶かし、新たな筋肉や身体を作り上げているのです。そのプロセスを、人は葛藤という課題で行なっているのです。

いつやって来るのか？　準備するとしたら、日頃の小さな選択の中で、自分は何を

葛藤に陥るとき　＝　手放せないものを捨てるとき

どんな基準で選んでいるのか、それを意識していくことでしょう。

朝、なぜこのネクタイにしたのか？　会社に着いて、なぜこの仕事から取りかかったのか？　など、自分の選択の理由を、いちいち意識することです。

では、なぜ転換期が訪れるのでしょうか？　それは、今までのあなたのやり方では成長が行き詰まってきたからです。

人は何歳になっても、成長を続ける生き物です。身体の成長や知識の成長だけでなく、感情や生き方の成長もあります。短気な方が、怒りを堪えて冷静な判断を身につけていくというようなことです。怒りが爆発しそうになるのを、抑えようとする。その心の中には葛藤があります。そして、怒りを抑えようという思いに至るきっかけが何かあったのだと思います。

他にも、ネガティブな自分自身を恥じている男性の方が、今の自分ではどうにも生きづらさを感じて、何とか変わろうとする、でもなかなかネガティブな思考や感情が消えない、そのことで悩んでしまう。

また、スクール経営をしていた女性の場合、このまま継続するか事業から撤退するか葛藤を抱えていた時期、それはまさに転換期でした。

もっとよくなりたいという欲求

葛藤という転換期は、徐々にやって来ます。徐々にやって来ている行き詰まりに気づかないでいることは多いものです。ときには、しだいに行き詰まってきていることに気がつく場合もあります。でも、そのときはかなり迫っているでしょう。行き詰まりは徐々にやって来るのですが、決められない問題は、いきなり目の前に現われます。そう「ついに来た！」という状態です。

薄々、行き詰まりを感じている方、もうすぐそれはやって来ます。いきなり葛藤に放りこまれたと思っている方、まずは振り返ってみてください。徐々にスムーズにいかない自分を感じていなかったでしょうか？

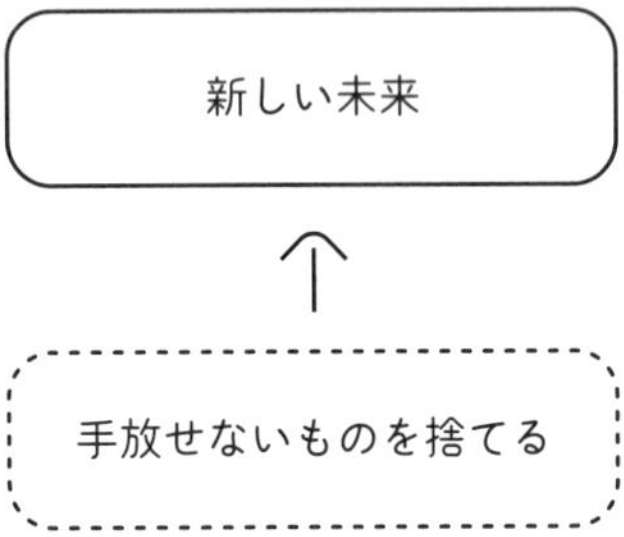

葛藤という転換期、これは次に成長したがっているあなたの心が呼び寄せたのです。心が、環境に対して窮屈になってきたのです。それは幼虫がサナギになる状態です。幼虫でいる自分が、どうも違う、これは違うと行き詰まってきて、そしてサナギにならなければ、と変身をするのです。でも、変身は楽ではありません。サナギの中では、今まで自分を動かしていた筋肉を溶かして身体をまったく変えてしまうほどたいへんな作業を、固いサナギの殻の中で行なっています。

人の場合は、それを何度も繰り返して、成長をしていく終わりのない羽化なのです。

section 6

「両方ほしい」という葛藤

両方とも手に入れたい

選べなくて悩んでしまうパターンにはいくつかあります。ここからは、代表的な4つのパターンに分けてご説明していきます。

まず最初は、「両方ほしい」「両方やりたい」という葛藤です。両方手に入れたいのだけれど、何らかの事情でどちらかにしなければならないというパターンです。

これはある意味、幸せな選択かもしれません。どちらを選んでも、どちらもやりたいことなのですから。ならば、どちらを選んでもいいではないか、悩む必要はない、と当事者でない方は考えます。

ところが、この葛藤を抱えている方は、両方選択しなければならない、両方選択することが最良の方法……そう考えているのです。それなのに、状況はどちらか一方しか選べない。だからこそ悩むのです。だから苦しんでいるのです。

よく耳にするパターンでは、妻と母親のどちらの意見を尊重するのか？　仕事と家庭のどちらを大切にするのか？　こういったパターンです。

これらは、優劣のつくものではない、別次元の同列に取扱うべきものではない、それぞれの選択肢です。

順番に手に入れることができるなら、それをしていいと思います。けれど、そう思えないから悩んで、葛藤に陥ってしまうのでしょう。

たとえば、条件のいい転職の話と社内のプロジェクトリーダーの打診が同時期に来た。どちらもとてもやりたい。でも転職すれば、やりがいのある社内のプロジェクトリーダーはできない。どちらにするか……という葛藤です。

また、同じ日に重なってしまった友人の結婚式と会社のイベント。学生の頃からの友人で、結婚相手の彼女の話も聞かされて、結婚にこぎつけられたことが自分のことのようにうれしい。

一方の会社のイベントも、自分が考えたプランを採用してくれたから、最後まで見届けたい。どちらも予定を変更できるようなものではないから……という葛藤。

また、将来のためにやりたいことがいっぱいあって、どれにしようか迷って焦る……という葛藤もあります。

起業したいけれど、安定した収入もほしい。今まで積んできた経験と人脈をもとに起業したい、人に使われる立場から、自分を活かす起業をしたい。そして、家計のためにも安定した収入は欠かせない。また、その収入があることで、家族の笑顔が見られる……という葛藤。

このように、両方ほしいという葛藤は、いろいろなものがあります。

同じ定規では測れない

「両方ほしい」という葛藤の選択肢は、それぞれ次元の違うものだということがおわかりいただけたでしょうか。同じ尺度では、測れないものなのです。

転職とプロジェクトリーダー。これは自分自身のチャレンジ意欲と、実績を評価してもらえた喜び。友人の結婚式とイベント。これは友情と責任。将来のためにやりたいことは、もちろんそれぞれによって得られるもの。起業と安定した収入は、自分の夢と守りたいもの。

たとえば、どこに転職しようかなということなら、条件を引き比べて検討ができる

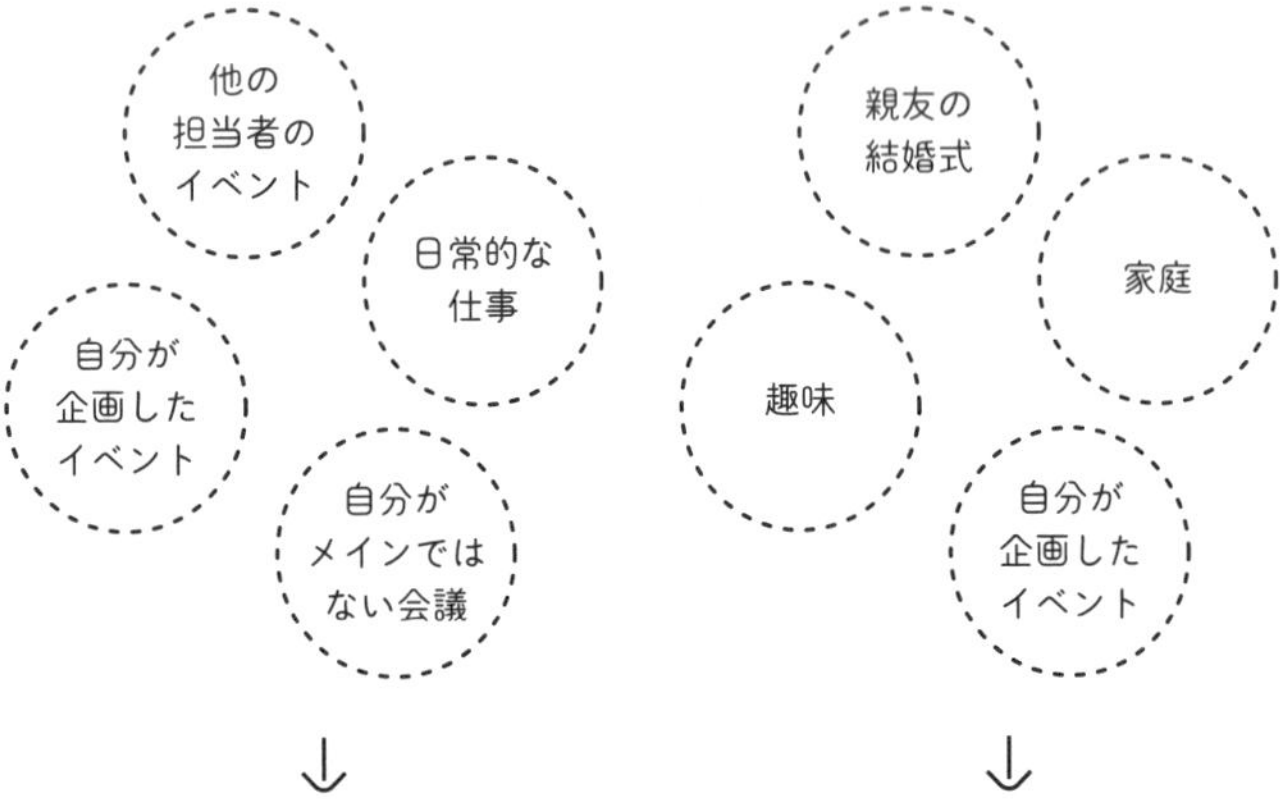

同じジャンルの選択肢なら優先順位がつけられる

違うジャンルの選択肢は優先順位がつけられない

でしょう。友人の結婚式も、Aさんのは行こう、Bさんはやめようと友情のレベルで比べれば選ぶことはできます。また、将来のために英会話を学ぼうとしているなら、どの方法で学んでいこうかとその方法の一長一短を比べるでしょう。起業についても、起業しようと決めているなら、いつがいいかと、その時期を検討することになります。

そうです。「比べる」ということができます。でも、葛藤に陥る場合は、比べることができないのです。比べられない問題なので、どちらかを選ぶことができないのです。

選択肢を比べていることと、葛藤に

陥ることは違います。葛藤は選べなくて悩んで、行動ができなくなってしまう状態です。選べないことをネガティブに捉えています。

やりたいことがたくさんあるはずなのに、ネガティブになってしまうのです。自分にはいろいろな選択肢があって、そのどれもが、自分のやりたいことだというのに、です。

なぜ、そう思うのか？　それは、あるひとつを選べば、他の物を失ってしまう……そう考えているからなのです。はたして、実際にそうなのでしょうか？　本当に失うのでしょうか？　それをよく考えてみましょう。

section 7

「両方嫌だ」という葛藤

わがままな葛藤？

次の葛藤のパターンは、先ほどとは逆です。両方とも嫌だというパターンです。今度は、両方やりたいというポジティブなものではなく、ややネガティブな、そしてわがままな葛藤と思われるかもしれません。

消極的だとか、ネガティブだとか、わがままだとか、何と言われようと、その方が両方とも嫌で選べないことによって動けないのだから、重要な問題です。私がお客様の話を聞いて、葛藤を解消していくときには、そういったことは一切関係ありません。性格を直す必要はないのです。違う考え方や捉え方を見つけていくだけです。

両方嫌な葛藤

では、どんなパターンがあるのでしょうか？　私の印象に強く残っている、ある方

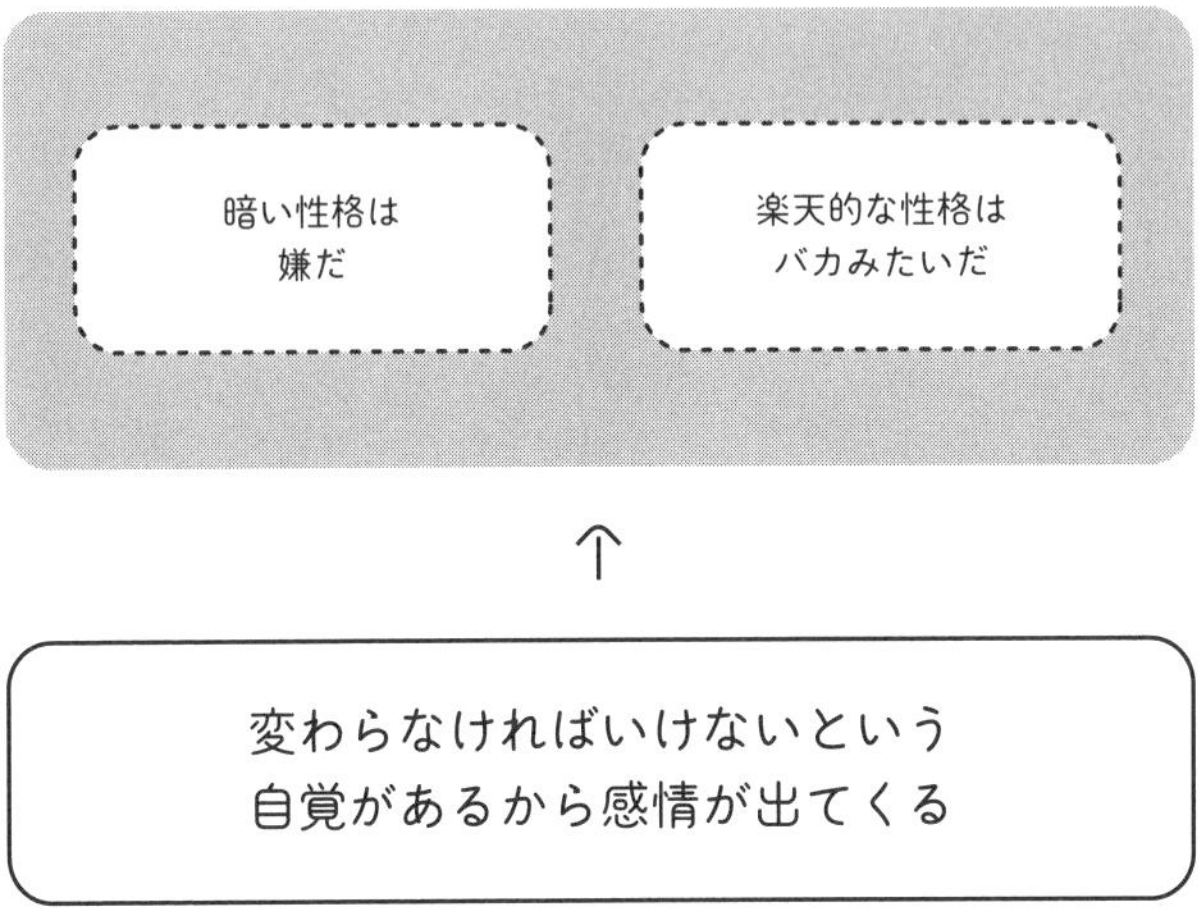
暗い性格は
嫌だ
楽天的な性格は
バカみたいだ
変わらなければいけないという
自覚があるから感情が出てくる

がいます。それは、先ほども話題にしたネガティブな性格の方です。自分のネガティブな性格が嫌だ。でも、ポジティブな考え方もバカみたいで受け入れたくない。両方とも嫌なのです。それでも自分の性格に困っていて、そして自分を変えようとするのですが、いわゆるポジティブな考え方に馴染むことができなくて、ポジティブにもなりたくない。こういうパターンが「両方嫌」という葛藤です。

他には、太るのは嫌だけど、スイーツを我慢するのも嫌という葛藤。

仕事ができないと思われるのも嫌だ、でも人に頭を下げて聞くのも嫌だという葛藤。

例にして表わすと、本当にわがままな人のようですね。そして、こういう見方もできます。「自分に正直」なのです。自分の感情に正直なので、嫌なものは嫌だと自覚しているのです。

自分の気持ちをごまかしている方、感情を抑えすぎてわからなくなっている方に比べたら、葛藤はうんと解消しやすいのです。難点は心が弱いところでしょうか。人はときに弱くなります。だから、このパターンの葛藤を抱えたからといって、その方が弱いというわけではありません。弱い部分を決意しなければならない状況がやってきただけなのです。

葛藤2つの特徴

「両方嫌」という正直な、そしてちょっぴり心の弱い葛藤。この葛藤に陥る方には、ある共通点があります。

①成長（前向きな変化）の前である
②肯定文ではなく、否定文でものごとを捉える

成長する前には、大きな負荷がかかります。たとえそれが、喜びに溢れているように見えるものでも、心には負荷がかかります。マリッジ・ブルーという言葉もあるように、成長や前向きな変化であったとしても、その負荷に押し潰されそうになるのです。

押し潰されそうになりながらも、成長したい気持ちを手放さないのです。手放してしまえば、葛藤することもありません。「こうなりたい自分」をあきらめるのですから、もう悩むことはありません。

ネガティブなままで、太ったままで、仕事ができない人間としてやっていこうとするなら、葛藤することもはありません。しかし、「両方嫌」という方は、あきらめることができないのです。「自分を何とか成長させたい」と願っているのです。

そして、もうひとつの共通点、否定文。同じ内容で肯定文にも言い換えることができるのに、否定文でものごとを見ています。ポジティブになりたい、痩せたい、仕事ができるようになりたい。こうすると肯定文に変えることはできます。しかし、本当に肯定しているのでしょうか？

この心の根底には、「今の自分ではダメだ」という思いが潜んでいるのです。そうなのです。今現在の自分自身の状況を否定しているのです。「こんな自分じゃダメだ」「こんな自分では価値がない」――そういう思いが、心の奥底にあるのです。この思いを解消することなく、文章の表現だけを肯定文にしても何の意味もありません。

だからこそ、私は「正直で葛藤を解消しやすい」と考えているのです。自分を否定していることを表現してくれているのです。もちろん自分を否定するより、肯定することができるほうが行動できていいのです。否定したままでいいというわけではありません。葛藤を解消していくプロセスで、自分自身を認めていけるようになっていきます。

この方たちにとっても、葛藤は転換期なのです。

section 8

「やりたいのにやれない」という葛藤

キーワードは「なかなか……」

やりたいことなのに、なぜかなかなか進まない。手につかない。なぜかためらってしまう。やりたいことだから、なおさら焦る。そのような葛藤です。

どういうものかというと、たとえばＩＴ企業に勤める方がこんなことを話してくれました。今までは、技術者としてシステムを作っていた。でも、これからは自分で法人営業をしていきたいと思っている。なのに、なかなか……。

また、ある方はこんなことを話してくれました。人前で落ち着いて話ができるようになりたい。でも、そういう場があってもなかなか……。

そうです。この葛藤を抱える方はたいへん多くいます。「やりたいのになかなか……」。あなたにも、身に覚えがないでしょうか？「なかなか……」の後には、どんな言葉が続くのでしょうか？そう、「行動できない」です。あなたがやりたいことを行動できないとき、この葛藤に陥っているのです。

私は、行動できない方のご相談を受けて、その根源である「なぜ、行動できないのか？」を解消していくことをしています。客観的にお話を聞いていると、「やりたいのにやれないなんて、おかしいじゃない。やりたいなら、やるだけでしょ」と思います。しかし当人も、その当たり前なことができないから困っているのです。

やりたいレベルの違い

では、なぜそんなことができなくなるのでしょうか？

まず「なんとなくやりたい」程度の方。この方が行動に移せないのは、本気度が低いからです。「やりたい」と言っていても、ほんの少しのデメリットを予測しただけで、ためらってしまう。ところが、「本気度が低い」ことは、本人もあまり気がついていません。だから、「どうして、やりたいのにやれないんだろう」と悩んでしまうのです。

では、本気度の高い方はどうなのでしょうか？　高ければ行動に移しやすいのでは？　と予想します。ところが、本気度が高い、やりたい気持ちが強い方は、また別

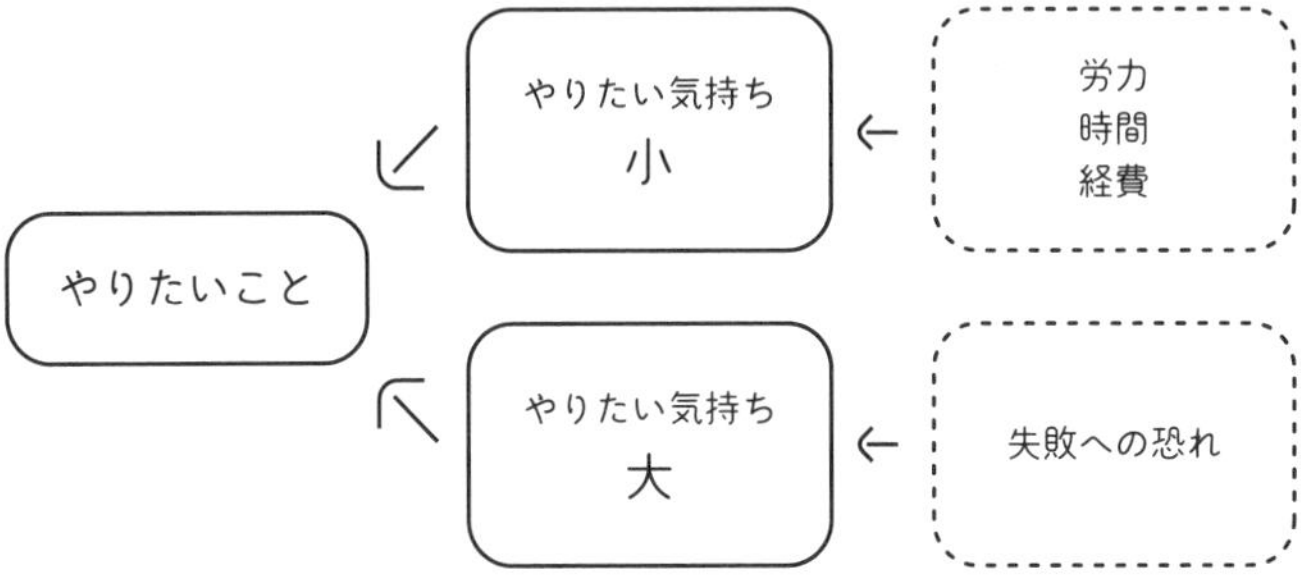

の要因で行動に移せなくなってしまうのです。

それは、やりたいこと、夢や希望、目標というようなものを失ってしまうという恐れから行動に移せなくなってしまうのです。やりたい気持ちが強いあまり、もし失敗したら、あるいは、もし自分に向いていなかったら、その夢や希望や目標を失ってしまうからです。正確に言うと、「失ってしまうと思っている」からです。

もうひとつのキーワードは「恐れ」

「やりたいのにやれない」という葛藤を抱えている方は、本気度の低い方も高い方も、どちらも「恐れ」ているのです。「欲求」と「恐れ」は行動の源泉だと考えています。人は、欲求からだけでなく、恐れも行動のエネルギーにしているのです。その2つが、別の方向に向いている状態なのです。

欲求は「行動をする」方向へ、恐れは「行動を止める」方向へ向いています。そして、そのパワーバランスが、「恐れ」が勝ってしまっているために行動できない状態になっているのです。

これが「やりたいのにやれない」葛藤です。

section 9

「やりたくないのにやらなければならない」という葛藤

あきらめられない！

「やりたくないのにやらなければならない」という、先ほどの「やりたいのにやれない」とは逆の葛藤です。

これは、どのような葛藤でしょうか。たとえば、無理難題を言ってくる取引先に、怒りをぶつけたいのに、紳士的な態度を取らなければならない……という葛藤。

疲れて帰ってきているから、妻の愚痴を聞きたくないのに、聞かないともっと愚痴が増えるから聞かなければならない……という葛藤。

自分より能力が下だと思っている上司の、納得のいかない指示に従わなければならない……という葛藤。

組織の中で仕事をしていくと、「やりたくないのにやらなければならない」という場面はよくあります。やりたいことばかり、やっているわけにはいかないのです。そして、多くの方は仕方がないと思って（あきらめて）、やりたくないことも進めていきます。疑問に思わないようにしようと心に言い聞かせて、我慢して行なっているのでしょう。そんな気持ちであっても、「仕方がない」という気持ちになれれば、葛藤には陥ることはありません。

キーワードは「自分ルール」

では、どのようなときに、それが葛藤に変わるのでしょうか？

それは、その方の倫理観や責任、信条に反する場合です。どうしても譲れない自分自身の規範、ルールに反することは、やりたくないのです。譲れる程度のルールなら、苦しむことはありません。どうしても納得がいかないけれど、やらなければならないとき、葛藤に変わるのです。

この葛藤は、かなり苦しいものです。自分自身のルールを破らなければならないということは、正しいと思っていたことを押し殺して、正しくないことをしなければならないからです。

過去、私もこの「やりたくないのにやらなければならない」という葛藤に陥ったこ

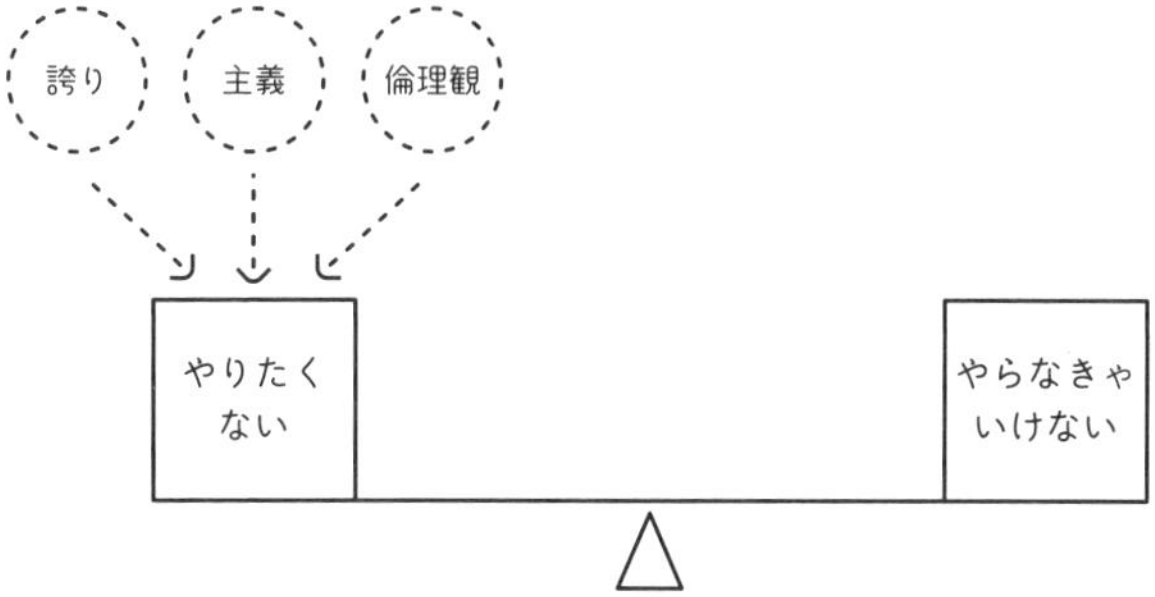

とがあります。私が電話応対の仕事をしていたときのことです。その対応にはルールがあります。私はそのルールを遵守したいと思っていました。ところが、お客様は、そこに納得しません。けれど私は、自分が正しいと信じ切っているので、お客様が間違っていると決めつけていました。ところが、ある上司から、もっとお客様の立場に立て、杓子定規な受付ではダメだと指導されたのです。私は納得がいかず、数ヶ月そのことに悩み続けました。私は、会社が作ったルールを守った受付をしているのに、なぜ指導されるのか、なぜ私が正しいのに謝らなければならないのか、と思っていました。

絶対に正しいものはあるのか？

賢明なあなたなら、もうおわかりだと思います。絶対に正しいなどというものはない、ということを。常識に照らし合わせて、これが正しいとか正しくないとか、それは自分自身が決めているだけのことです。そんなルールは絶対ではないのです。絶対に正しいわけではないのです。でも、渦中にいる私は、自分は絶対に正しいと思っていました。だから苦しんでいたのです。

これが、会社の受付時のルールなどというものは、解釈によっていかようにもなるものだ、と捉えていたら、私はもっと気楽に仕事ができたことでしょう。

そして、時間はかかりましたが、私自身もそのことがわかるようになりました。自分の倫理観や責任、信条などに苦しめられていたのです。もし、あなたがこのタイプの葛藤を抱えているなら、自分は絶対に正しいのか、と考えてみてください。

人は、自分にさまざまな基準を当てはめて、その枠に沿って考えています。その枠が壊されることを、とても恐れています。自分が自分でなくなってしまうような恐怖感が、心の奥底にあるのです。

これが、「やりたくないのにやらなければならない」葛藤です。

chapter

2

葛藤の構造とはどういうものか

section 1

構造を知る意味

知らないと回り道してしまう

選択できない問題に悩んで、心も身体も動けなくなってしまう状態。この葛藤に陥ってしまう時間を少しでも短くし、その負担を少なくするための確実な方法が、「葛藤の構造を知る」ということです。

あなたが葛藤を解消しようとする場合、葛藤というものの仕組みを知っているのと、知らないのとでは大違いです。

葛藤という心理状態は、目には見えない、カタチとして確認できないものです。そのため、心理状態に構造があるということは、なかなか気がつかないことでしょう。

構造があるのは葛藤だけでなく、他の感情も同じです。怒りも悲しみも喜びも笑いも、なぜその感情が湧くのか、その構造を考えたことはあまりないのではないでしょうか？　構造がわからないのでは、対処方法もわかりません。だから、よけいに右往左往してしまうのです。

感情や思考には構造があった

私が、感情にも構造があることに気づいたのは、お客様との会話の中からでした。その方は一所懸命に頑張ろうとしているのですが、どうしても気持ちが沈んでしまって、前向きに考えることができません。そして、今の状況から抜け出せないのではないかという不安を抱えている。動こうとすればするほど、動きたくない気持ちが出てきてしまう……そんな状態でした。

その状況を聞いたときに感じたのは、「人は成長したい本能を持つ生き物なのに、なぜ成長を止めるような感情や思考が起きるのか？」という疑問です。人はよりよく生きたい、幸せになりたいという欲求を持っています。それなのになぜ、成長や幸せを阻むような心理状態になってしまうのでしょうか？

人は、成長したり幸せになりたいという欲求が根源にあって、その表われとして行動したり言葉を発しているということに疑問を持つ方がいるかもしれません。たとえば、勉強したい、いい成績を修めたいという欲求はすんなりあてはまります。では、怒ったり、悲しんだり、暴力行為に出てしまうことも、成長や幸せを求めていると言えるのでしょうか？　実は、これもそうなのです。「自分を認めてほしい」、という心の奥のほうにある欲求から、怒ったり暴力行為に出たりします。自分を認めてもらうことは、自分の考えや行動を肯定してもらうことです。「あなたは間違っていない、正しい」と言ってもらいたいという欲求です。

また、悲しみにも、さまざまなものがありますが、傷ついた心を休めるために、悲しむという感情を湧かせて、行動して疲れることがないようにしているのです。「自分を認めてほしい」、「傷ついているから回復させたい」という、いずれも自分をよりよくしたいという心の表われなのです。

逆に向かう段階があった

では、なぜ前向きになろうと一所懸命やっているのに行動ができないのでしょうか？

ここで、私はひとつの推論を立てました。「もしかしたら、今の精神状態は動いてはいけない状態かもしれない」というものです。そして、なぜ動いてはいけない状態なのかと考えました。相談を受けるお客様の状況やそれまでのお話などから、行動に出ようというだけの自信というエネルギーがないのではないだろうか、と予測しました。

そして、ここからが大事なところです。その方に私の推論を伝えたところ、不思議なことに納得をされて、ならば自信をつけるようにしようという方向に考えが変わっていきました。そして結果的に、すんなりと行動できるようになりました。自分がなぜ行動できなくなってしまったのか、その理由がわかったことで安心をして、もう悩まなくなったからです。

わけのわからない病気になると不安を感じて、治療に専念することができません。でも病名がわかって、どんな症状がこれから起きるのかがわかると、その病気に立ち向かうことができるようになります。自分は今、どの段階にいるのか、正しく知ることで、自分の段階を知ることで、何を考えればいいのか、今感じているこの気持ちはなぜ起きてしまうのか、いつまで続くのかがわかります。

そのためにも、選択できずに迷ってしまったときの心の仕組みを知る必要があるのです。

section

2

葛藤の第一段階　溺れる

あなたは溺れている

　どちらにしたらいいのかわからない、選ぶこともできないし、やめることもできない――このような状態で、思考や行動が進まないのが葛藤です。この状態に陥ってしまったときの心の中は、まさに溺れてもがいている状態です。溺れているときは、身体に無駄な力が入り、頭の中も「助けて」ということばかりで、他のことがあまり考えられない状態になります。救助に来た人にも必死でしがみつき、下手をすると二人とも溺れかねないほど冷静さを失っています。

　葛藤も同じで、なぜ自分が選択しなければならないのか、なぜ自分は選べないのかを必死で考えます。そして答えがわからないために、自分のことを卑下したり、鼓舞したり、あれこれ手を尽くします。けれど、なかなか答えが見つかりません。そして、徐々にストレスがたまっていきます。

ストレスがたまってくると、ときには、周りの人に八つ当たりをしたり、会話をしなくなったり、今までの自分では考えられない発言や行動をしてしまうこともあります。そして、「こんなはずではない、自分はこんな人間ではない、選ぶことができれば、この状態から抜け出せるはずだ」と考えようとしますが、なかなか選ぶ決断ができません。そのことが、さらに自信をなくさせ、答えを見つけられない自分に焦っていきます。

愚痴、八つ当たり、イライラ

頭の中は、選ぶことができない問題でいっぱいになって、アドバイスも耳に入ってこないようになります。仕事の効率は悪くなって休日も楽しめない。「これでは、ダメだ」という思いばかりが出てくるだけで、答えを選ぶことはできません。葛藤にすっかり飲み込まれて、本来の自分を失ってしまう状態が第一段階です。それは、まさに水に溺れる人のように、葛藤というものにはまってしまい、もがいている状態です。この問題が解決するときが来るとは思えない。そういった段階です。

この状態のときの方にお話を聞いてみると、できない理由をまくしたてるように話してきます。50代の会社経営の男性のお話を聞いていたときは、こんなことがありました。

その方は、家庭でうまくいかないという悩みを抱えていました。そのために、自分が早く家に帰って奥様の話を聞いてあげることが、問題解決の糸口であることは明らかでした。でも、その方は、会社から帰れない理由や、奥様が口うるさく言うために、自分は話をする気がなくなっているという話を延々とされていました。

そのことを責めているわけではないのに、被害者意識が強くなって、それが相手に向けての攻撃性になって出てきます。会社の部下、取引先、奥様、そういった身近な人たちだけでなく、聞こえてくる音楽や店員、ニュースや流行りのもの、あらゆるものに対して毒づいていました。

とても、問題について真正面から取り組める状況ではなく、問題に翻弄されていることにも気づかない状態でした。この男性には、まだ問題に立ち向かう心の準備はできていません。自分は問題に翻弄されているという気持ちが自分自身を責めて自信をなくし、その状態にあわてて混乱しているようでした。

溺れていることに気づこう

では、どうするのかというと、まず自分が苦しんでいるということを、人への悪口や攻撃ということであっても表現していただきます。

いろいろな不満を話していただいて、そして話のペースが落ちてくるまで待ちます。これは、溺れている人を救助するときと同じです。溺れている人は、必死でこちらにしがみついてくるので、いったんその人から離れて、見えない方向から手を回して救助するようです。葛藤に飲み込まれて溺れている人も同じで、しがみついてこようとするのが、悪口や非難の言葉です。苦しいのは、溺れている本人です。この時期を、できるだけ短くすることが、この後続く段階をスムーズにさせます。

表情も興奮から冷めて、少し落ち着いてくるはずです。

こうなると、次の段階へ進んでいきます。

section 3

葛藤の第二段階　逃げる

心と身体は疲れ切っている

第一段階の、葛藤に溺れている状況から次の段階へ移ります。その前に、今の心理的状態はどうでしょうか？　決められない自分自身に驚き、混乱して、仕事にも集中できず、ちょっとしたことでもイライラしたり、みんなで楽しんでいる時間にも、ふとその問題を思い出して、そのことを考えてしまいます。また、眠りが浅かったり、食事やお酒がコントロールできなくなることもあります。

葛藤の第一段階で、心も身体もとても疲れています。疲れているときはどうしたらいいのでしょうか？　そうです、休むのが一番です。でも、すんなりお休みできる方はそういません。たいていの方は、「でも、やらなければ！」と頑張ってしまいます。

では、その疲れ切った心と身体で決めることはできるでしょうか？　決めるということは、とてもパワーの必要なことです。溺れている状態では、とてもそのパワーは出てきません。大切なのは、この状態からいったん避難することです。そうです、逃げるのです。

逃げることはネガティブなことではない

では、どうすれば逃げることができるのでしょうか？

私自身、どうやって問題から逃げていたのかというと、別の問題に取り組んでいたのです。何もしないでいると、本来の問題を思い出してしまいます。何かをしていたほうが思い出さないのです。ということで、できるだけ意欲的に取り組める問題に集中するようにしていました。私はそうやって逃げていました。

ポイントは、意欲的に取り組める課題ということです。「取り組みたい！　考えたい」という課題です。そして、本来の問題を思い出してしまうときには、「今の自分には決めることはできない」「後で決めるから、今は無理」――そう口に出してください。とにかく、「決めなければいけない」という考えから離れることです。

あなたにとって「逃げる」ことは、前向きなことでしょうか、それとも後ろ向きなことでしょうか？

実は、「逃げる」ことに後ろ向きのイメージを付けているのは自分自身なのです。「弱虫」「卑怯」「根性がない」――そう思ってはいないでしょうか？　湧いてしまったネガティブなイメージは、無理に消す必要はありません。消そうとしても消えないからです。

まず、感情が反応として発生して、その後理性で考えます。湧いてしまった感情は、そのままでいいので、「出来事」だけを把握することです。「逃げる」ことで、反応として感情が起きているだけなのです。

この段階で逃げて、何をしたらいいのでしょうか？

「逃げる」という「出来事」に後ろめたい思いを持たずに、しっかり逃げて安全なところで英気を養うことです。では、この間に何をするのかというと、いろいろな物の見方や考え方を知っていくことです。

たとえば、「バナナ」を見て、果物だと思う人もいれば、おやつだと思う人やデザートだと思う人もいます。また、朝食だと思う人もいます。形として実態のあるバナナであっても、いろいろな見方、捉え方をする人がいることに気がつくでしょう。そして、そのどれも「その人にとっては正解だと思っている」ということなのです。

「逃げる」という言葉の印象

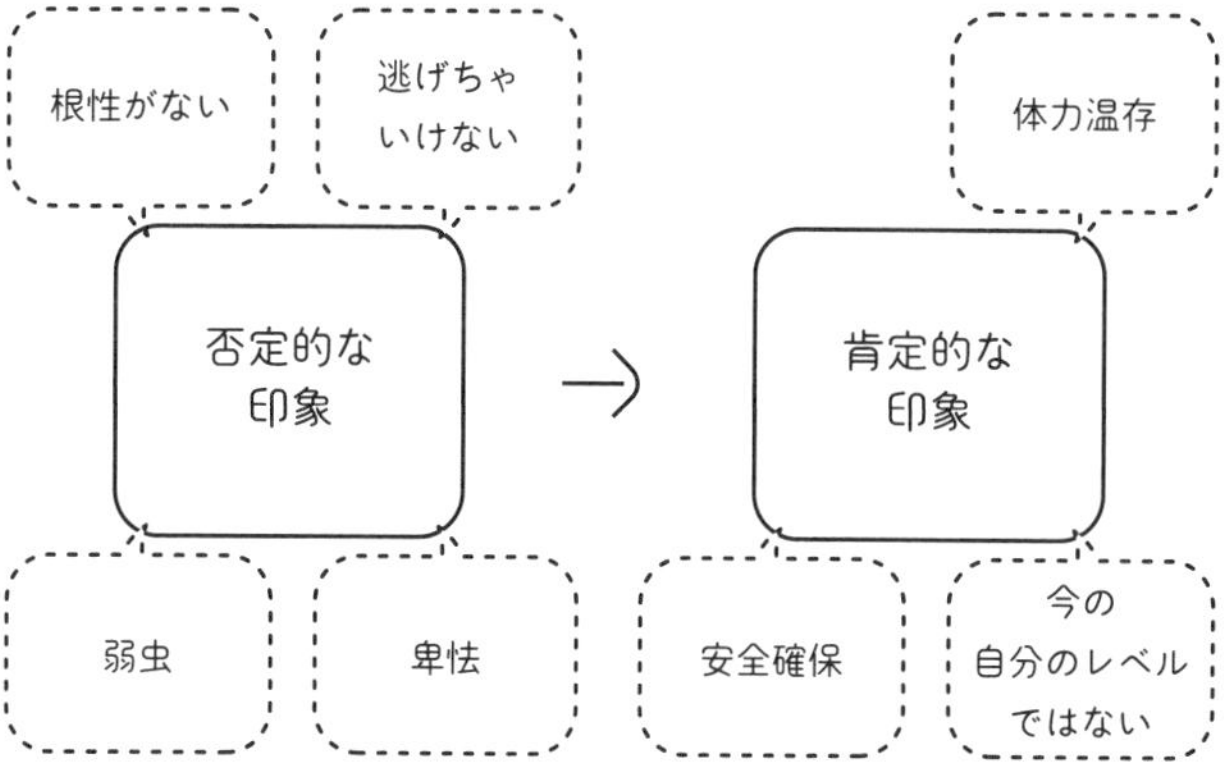

自分が正しいと思っていることは、必ずしも全員にとって正しいわけではないのです。他の人が考えていることを、心から正しいと思わなくてもいいのです。その人はバナナをおやつだと思っている、自分は朝食だと思っているという違いがあるだけなのです。その事実を、改めて知っていきましょう。

「逃げる」という自分を、事実として受け入れることができたら、次の段階はとてもスムーズになっていきます。

section

4

葛藤の第三段階　向き合う

見たくない部分に向き合う

無事に、この段階まで来ることができた方は、第三段階の「向き合う」というプロセスに取り組んでいきましょう。「向き合う」ということは、その問題に振り回されている自分の心や考え方がなぜ起きるのか、その原因を探っていくことです。だから、ときには考えたくない自分の嫌な部分にぶち当たることもあります。

それでも、恐れずに原因を探っていくことが、葛藤を解消していくことになります。何が、あなたを決められなくさせているのか、それをこの段階で探っていくのです。

今までの自分が避けていた問題に取り組むため、そうとう嫌な気分になることが予想されます。途中でやめたくなるかもしれません。それでも、向き合っていきます。自分の中にある弱さ、卑怯、エゴ、嫉妬といった感情に気づいていくことが、葛藤を解消していくポイントです。

誰も、こういったネガティブな感情は持っていたくないはずです。でも、その感情を消すわけではありません。「逃げる」段階でやったように、「こういう感情があるんだな」と気づくことが大切なのです。消そうと思っても消えないのです。

会社を辞めるかどうかの葛藤を抱えたAさん

「逃げる」段階をある程度の期間やっていると、「葛藤に向き合うしかない」ということに気づくようになります。そして、少し考えてみようと気持ちが動きます。すると、最初に問題にぶつかったときには動揺して、冷静に考えられなかった状態だったのが、落ち着いて問題に向き合えることに驚かれるかもしれません。これは、しっかり段階を踏んできた成果です。

では、どうやって葛藤に向き合えばいいのでしょうか。この次の章で、具体的なやり方を説明しますので、ここでは葛藤に向き合った方のお話をご紹介します。50代前半のサラリーマンの男性です。仮に、Aさんとお呼びします。Aさんは、起業したいという夢を持っていますが、家族を養うためには必ず収入が入るものでなければ困る。今の自分では、それは難しい。そのため、起業への夢を捨てなければならないと思っているが、会社に対しても希望が持てない。そこへ、さらに営業成績を出さなければ、リストラされかねないという状況になってしまった。どちらかに腹を決めたいけれど、決まらない……こういった葛藤を抱えていました。

私に話をしようという段階の方は、何とか葛藤を解消して、前に進みたいという意欲が出てきている状態です。状況をいろいろお聞きしていく中で、迷うのはなぜなのか、そこを深く探りました。経済的な不安は当たり前です。ならば、なぜ今の会社で、全力で取り組めないのか？　起業したいという夢を捨てることも納得はしているのに、なぜいつまでも踏ん切りがつかないのか？

Aさんの心の奥で、何がくすぶっているのかを、何度も質問をして、そして答えが出てくるのを待ちました。すると、趣味でやっている創作活動に才能があるのか知りたかった、世間的に通用するかどうかを試したかった、その思いが、Aさんを決めらなくさせていたのです。会社勤めをしていては、自分の才能を評価される場所を得ることができない。そう思い込んでいたのです。自分が「そうである」と思い込んでいたものが、必ずしもそうではない、ということに気がつきました。

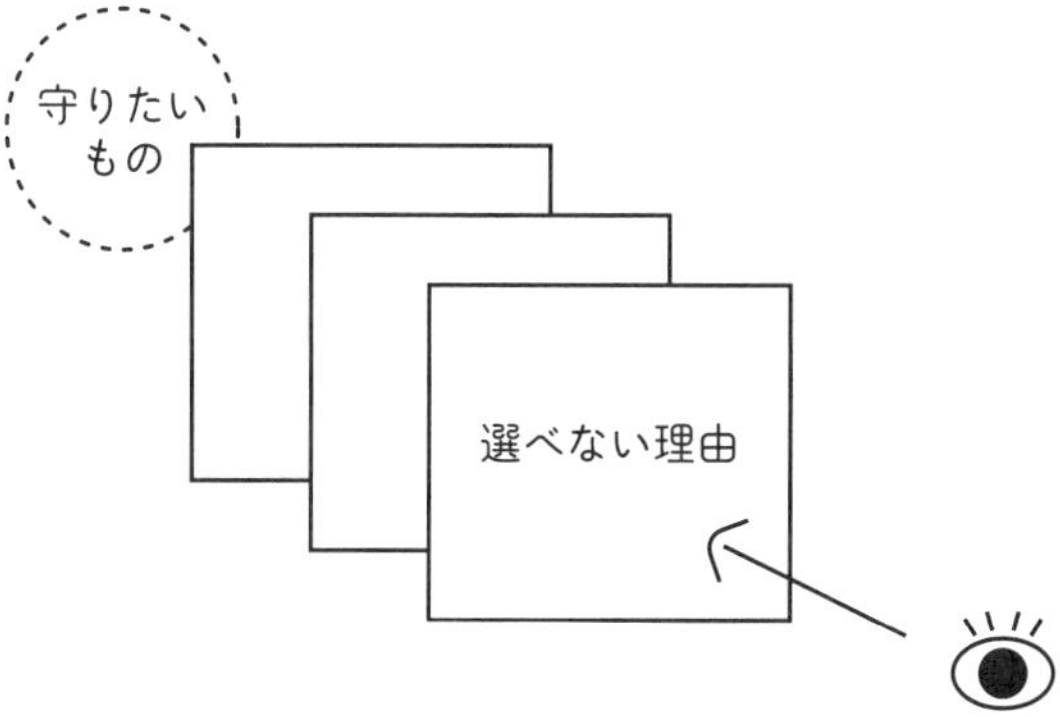

一方向から見ていては
守りたいものはなかなか
見つからない

どうやって向き合ったのか

これは、大切であるもの、自分の存在価値に関わるものであるほど、それを守りたい、それを失いたくないという思いが強くなります。

何をなくしたくないのか、何を守りたいのか、それを見つけられるのは自分自身です。当初は、経済的な不安だと思っていたAさんですが、本当になくしたくないのは、自分の才能を活かす道だったのです。これを見つけるには、あわててはいけません。落ち着いて、できるだけ冷静に自分自身のことを考えます。自分の心に浮かぶ言葉を、これは違うと消してはいけません。ひとりで行なうなら、紙に書き出すのもいいでしょう。あわてないで時間をかけて、自分は何を失いたくないのかを見つけていきましょう。

どれが、本当になくしたくないものなのか、見分けられるのか不安に思うかもしれません。でも大丈夫です。必ずわかります。なぜなら、それは他の何ものにも変えられない価値をあなた自身が感じているからです。

section
5

葛藤の第四段階 超える

大切なポイントがある

では、いよいよ葛藤を解消する最終段階です。第三段階で、自分のなくしたくないものを見つけることができました。第四段階では、葛藤を超えていきます。決められなかった問題を決めるステップです。

決めるために、今までさんざん苦労をしてきたことと思います。苦労してあれこれ考えて手を尽くしてきたのに、なぜ決められなかったのでしょうか？

そこには、２つのポイントがあります。

そのひとつ目は、決める基準「価値感」がわからなかったということ。

そして２つ目は、決めるという「決意」がなかったことです。

ポイント① 価値観

簡単な選択で考えてみましょう。あなたは旅行に行くなら、どんな場所を選ぶでしょうか？　国内、海外、観光地、都心、山、海、川。高原……行く先は無数にあります。選ぶときには、何を求めているのかを考えるはずです。リラックスなのか刺激的な体験なのか、他にも求めるものはいろいろありますが、それらが決める基準です。自分が何を得たいのか？　どの条件を外したくないのか？　それが決める基準「価値観」です。

この価値観がはっきりしていないと、間違った選択をしてしまうことになります。リラックスしたいのに、観光地を転々と回るようなツアーを選んでしまうということになります。

では、葛藤しているときはどうでしょうか？　自分の価値観を持っていると思っていたのではないでしょうか？　前述のAさんもそうでした。彼は、経済的な安定が自分の価値観だと思っていました。でもそれでは、決められなかったのです。そこで、本当になくしたくないもの「才能の評価」を見つけました。そこで、その価値観でどのように選択したらいいのか、改めて考えました。

その結果、今の仕事の中で自分の才能を活かした企画を考え、そしてうまくいくかどうか見極めた後で起業するという道に決めました。「経済の安定」という価値観では、決めかねていたものが、価値観をはっきりさせることで、すんなりと心が決まりました。

ポイント② 決意

2つ目のポイントは、決める「決意」です。「決める意思」が決意です。では、決めるということは、どういうことでしょうか？　これは、不確実な未来であっても、その先に起きることを引き受ける覚悟をすることです。どれだけ高い確率であったとしても、未来は100%ではありません。その不確実さが、あなたを不安にさせるのです。不安とは、まだ起きていない未来に対して、ネガティブな想像をふくらませて、その心配をすることです。

その不安を感じながらも、不確実な未来を選ぶこと、その決意をするためにどうしたらいいのでしょうか？

決意ができないのは、ネガティブな未来を引き受ける責任が負えない、負いたくないからです。今までなら、この段階で悩んでしまったことでしょう。でも、自分の価値観を見つけたなら、自分が進む方向、選ぶ方向がわかってきているはずです。最初の頃に迷っていたようには、問題が見えてこないはずです。

Aさんの場合はどうだったでしょうか？　Aさんは、自分の価値観を見つけました。そして、改めて自分が迷っていた問題を見たときに、会社に残って才能を試す道を迷いなく選びました。でも、会社で試すことが必ずしも評価されるという確実性はありません。それでも選びました。それは、「やってみたい」という思いが強くなったからです。必ずしもうまくいくとは限らないけれど、それでもやってみたいという思いです。

未来の成功率が変わったわけではないのに、これまで選ぶことができなかった問題を選ぶ決意ができます。それは、何を譲れない大切な価値観として持っているのかが明確になって、その価値観を活かす選択がわかったからです。

解消できたあなた

ここに至るには、苦しい時期があったはずです。でも、苦しい時期を耐えて乗り越えたから問題に正面から向き合うことができて、確かな未来ではなくてもやってみようという決意ができたのです。あなたが選んだ選択は、後悔のないものです。

そして、このプロセスを覚えておけば、次にまた迷ってしまう問題にぶち当たったときにも、それを超えることができます。あなたは、葛藤を解消することができたのです。

section 6

葛藤は敵ではない

葛藤の中で見つけるもの

葛藤を経験した方も、現在その真っ最中にいらっしゃる方も、まだ体験したことのない方もいるかと思います。あなたにとって、葛藤とはどのような意味を持つものでしょうか？　できれば避けたい？　もう二度と嫌だ？　進んで葛藤に飲み込まれてみたいという方は、あまりいないのではないでしょうか？

では、葛藤を体験した方は、そこに何を見つけることができたのでしょうか？　葛藤を体験すると、自分が見たくなかった部分を、否応なしに突きつけられます。弱さ、優柔不断さ、卑怯、無責任、エゴ……。ふだんは表に現われなかった、自分の中の感情が出てきたことでしょう。

では、それだけでしたか？　嫌なことばかりだったでしょうか？

前述したように私も長い間、解消できない葛藤を抱えていました。そのときは、葛藤を解消する方法もわからず、ほとんどあきらめていました。そう、第二段階の逃げる状態のままだったのです。その頃は、何でこんなことになったんだ、誰か解決してくれないかな、と叶うはずのない期待をしていました。そんな私でしたが、何とか葛藤を解消した今、振り返ってみると、いろいろなことを葛藤から学びました。

私だけではなく、葛藤を抱えて、そして葛藤に取り組んで解消した方は、何かを学んでつかんでいます。

求めているものと弱さ

では、独立して自宅でボディケアの事業をはじめた、30代女性のBさんの例をご紹介します。ひとつは、自分はどんなもの（暮らし方や仕事のやり方、人間関係など）を求めているのかがハッキリしたということです。2つ目は、自分自身の弱さを知ったことです。

ひとつ目の、自分の求めているものがハッキリするということですが、これは、ふだんでは気づかなかったものに、最低最悪の状況でやっと気づくことができるのです。

Bさんは、なかなか集客ができない状態で営業しなければならないけれど、営業は苦手で、できそうにないという葛藤を抱えていました。そんな彼女と、いろいろな話をする中で見つけ出したのが、彼女の事業である足の裏への興味の深さでした。足の裏への施術は、自分自身がどんな状態であっても、自分を元気にさせるものだったということです。この思いは、Bさんの行動への動機になっていたのです。これを知ることによって、Bさんは自分なりの営業スタイルを見つけていくことができました。

最低最悪の精神状態で、見つけることができた自分を突き動かすもの。葛藤を抱えたからこそ、Bさんはそれに気づくことができたのです。経営が順調だったら葛藤を抱えなければ、この思いに気づくのが、もっと遅れていたかもしれません。

そして2つ目は、他の人と比べることよりも、自分のできることを少しでもやっていくということが必要なのだ、ということに気づきました。

自分の価値観を信じて、人と比較をすることなく目の前のことに取り組んでいくことという答えを彼女は得ることで、問題を乗り越えていくことができました。

葛藤はあなたを磨く

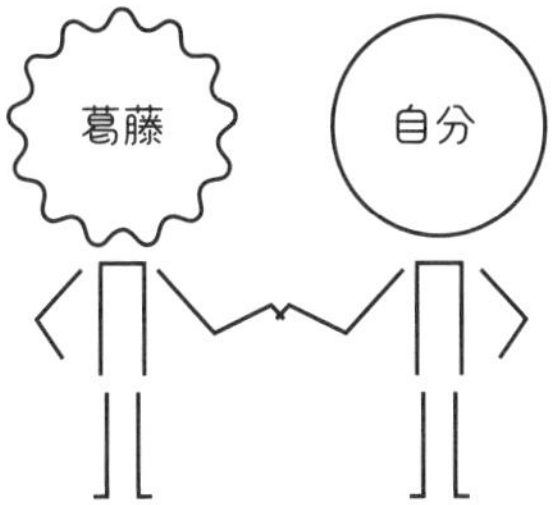

葛藤と手をつなぐように取り組むことで
あなたの能力や可能性を引き出します

できれば、葛藤を抱えることなく、順調に生きていくことができれば、こんなに楽なことはありません。でも、簡単に解決することのできない問題を抱えることで、今までは気づかなかったことに気づくことができます。そして、自分だけの価値観を持つことで、この先迷ったり悩んだりしたときの判断基準が出来上がっていきます。

これは、葛藤を抱え、そして超えていくことができたからです。葛藤は敵ではありません。むしろ、葛藤こそあなたの本当の能力や可能性を引き出していくものです。

私自身も、なかなか解消できない葛

藤を抱えていたからこそ、他の方の心の中が理解できるようになったと言えます。第一段階の溺れているときや、第二段階の逃げているときは葛藤に振り回され、第三段階の向き合っているときは、自分自身の嫌な面を直視して、そして、第四段階を超えるときに、やっと悩んだかいがあったと思えるようになりました。

きっとあなたも、難しい数学の問題を解いたときのような気持ちと、そして今後も解いていけるという微かな自信を得ることができるはずです。

chapter

3

ものごとを決められるメリット、決められないデメリット

section 1

決めるメリット1

時間に余裕ができる

さっさと決めると……

ものごとを決められる人のメリットの筆頭は、「時間に余裕ができる」ということでしょう。決めてしまったら、やらなければならないことがあるから時間はなくなるのでは？　という方は、こんなふうに考えてみてください。

お昼休み、外食をしようというとき、お店が決められない、お店に入ってもメニューが決められない……するとどうなるでしょうか？　1時間の休憩時間が、どんどんなくなってしまいます。店をやっと決めて向かったら、もう行列ができている。次の店を考えて、うろうろしているうちに時間がなくなって、結局会社の近くのコンビニでお弁当を買う……という経験はありませんか？

では、すぐに決められたらどうなるでしょうか？　決めた店に向かいはじめる時間が早いので、行列ができる前に店に入ることができます。万一、行列ができていても、

ものごとを決められる人のメリット

決めた後の時間に余裕がある

「生きている時間」 ― 悩む時間

＝ 活動できる時間

他の店に移動するか、そのまま並ぶか、すぐ行動していくため、希望の店で食べることができます。

そして、店に入った後も、何を食べるのかすぐ決めるため、早く食べはじめることができます。また、注文したものを待つ間にも他のことを考えたり、仲間とおしゃべりをして情報交換をしたり、ゆとりを持って休憩時間を過ごすことができます。

さらには、店内の情報を入手することもできます。他の人はどういうものを食べているのか？　どんな職種の人なのか？　またテーブルに置いてあるメニューや案内などから、その店の販売戦略を垣間見ることもできます。

では、少し重い例で考えてみましょう。

決めれば、次のステップへ

すぐ決めることで、本当にその後の時間にゆとりが得られるのでしょうか？　では転職をするか、プロジェクトリーダーとして会社に残るか、という選択を迫られている方を例にして考えていきましょう。

この選択を早く決めるとどうなるのか？　転職をするなら、仕事の引き継ぎの段取りをしっかり組むことができます。退職までのスケジュールを立てて、お世話になった方たちに残らず挨拶できるような時間も捻出できます。転職の話も、ある程度期限が切られているはずです。その期限ギリギリになったのでは、先方の準備も慌ただしくなってしまいます。

プロジェクトリーダーを選んだ場合も同じです。やることに決めれば、プロジェクトのスタートまでに余裕があります。その間、メンバーを考えて、プランを立てて、ときには根回しをするなど、時間的なゆとりがあるので、いろいろと考えて行動することができます。

期限ギリギリに返事をしていたのでは、この余裕は生まれません。

期限のないものも同じです。決められない時間を短くすることで、決めた後に時間を回すことができます。

一生の時間を大切に

これは、短期的な時間だけではなく、あなたの一生における時間にも大きく影響します。悩む時間が長いと、あなたの一生の多くを「悩む時間」に使ってしまうことになります。何も行動に移すことができず、ああだこうだと頭の中でこねくり回しているだけです。その時間、もったいないと思いませんか？

すぐに決めることができれば、あなたの一生は悩む時間に使っていた時間から解放されます。会社から帰ってきて、決められなくて悩んでいたその時間を、家族との時間に、自分の時間にと有効に使えるようになります。

私が、とてももったいないと思うのは、決められなくて悩んでいる時間です。たとえ、決めたものが失敗したとしても、また早くやめることを決めればいいのです。回復も傷が浅ければ早いでしょう。あなたの一生という時間は有限です。「決める」スキルを手に入れて、時間を大切にしましょう。

section 2

決めるメリット2 次の行動に移ることができる

中途半端な自分から卒業する

メリットの2つ目は、「次の行動に移ることができる」です。どういうことかというと、決められない……と悩んでいたのでは、なかなか次の行動に集中することができません。何もかもが中途半端になってしまいます。

決めることができると、悩むことに費していた時間や行動に使えるエネルギーを次のことに使えるようになります。

たとえば、こういうことです。二つの選択肢があります。ひとつは休暇を妻の実家に行く。もうひとつは、自分の勉強のために集中講座に行く、という方を例に考えてみましょう。

妻の実家に行けば、妻は機嫌がよくなって家庭的にはいい状態になる。ただ自分自身は、気を遣って過ごす身となるため、さらにリフレッシュがほしくなる。一方、自

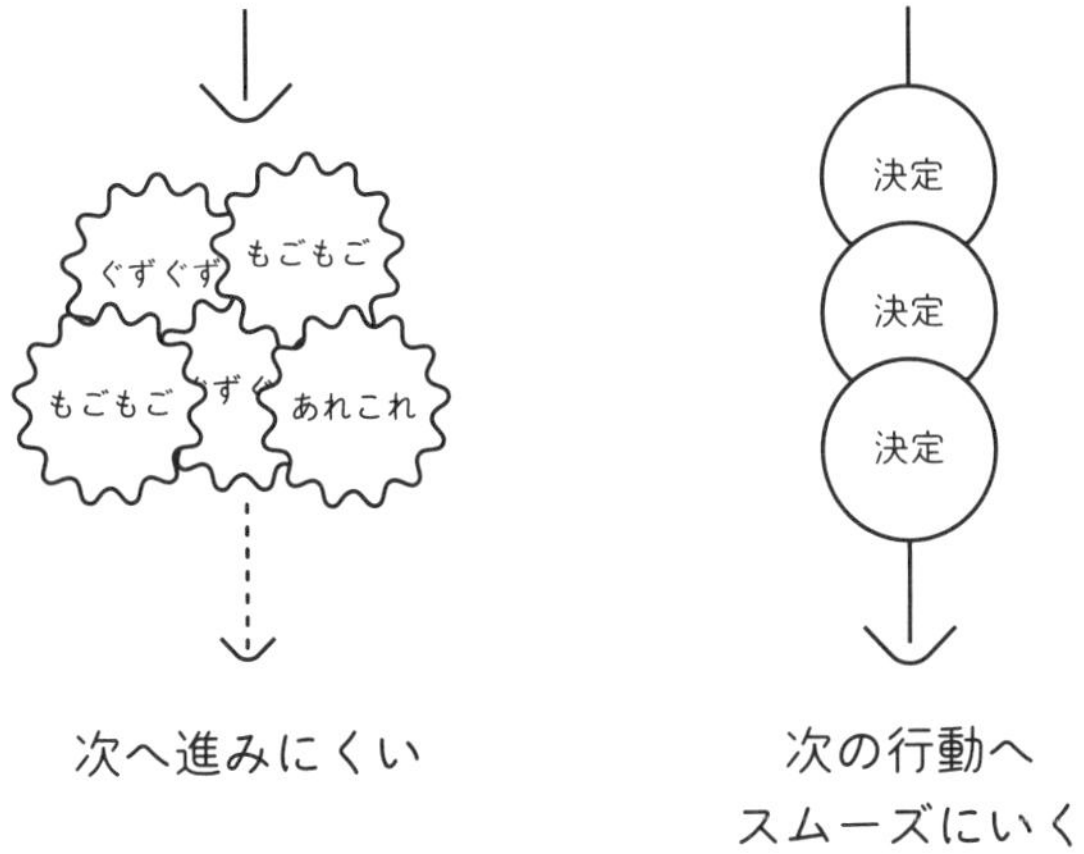

分の勉強のための集中講座に行くと、もちろん自分自身は充実するし、今後の仕事への影響も出てくる。けれど、妻の機嫌は悪くなるからリカバリーが必要になる、という選択を迫られているのです。

ここで、「決めれば次の行動に移ることができる」ということがどういうことなのか？　考えてみましょう。

まずは、どちらかに決めたので、それぞれの申込手続きをするでしょう。奥様の実家に行くためのチケットを取って、さらには、実家での過ごし方のプランを考えることができます。集中講座を受けるなら、申込手続きをして予習をすることができます。

そして、選択しなかったほうのフォローをすることも考えるでしょう。行かなかった妻の実家に喜んでもらえそうなものを贈ったり、奥様と食事に出かけたりなどです。また講座を受けられなかった場合は、別の時期に行なう同種の講座を探したり、自分で調べてテキストなどで勉強したりといった行動に移るでしょう。

さらに次へ

それだけでは、ありません。休暇の過ごし方を考える時間が終わったので、次に考えるべきことや、行動することに取りかかることができます。

たとえば、後回しにしていた書類や領収書の整理などや、新規開拓の戦略づくりなど。決めた後は、普段なら少しハードルが高く感じることにチャレンジしようという気持ちになるのです。

このとき、行動したい気持ちを抑えることなく、この勢いのままやってしまいましょう。決めた後のあなたは、弾みがついていています。今まで決められなかったことに占められていて使えなかった頭と心が解放されたそのときがチャンスです。スッキリした気持ちで、次の行動に進んでみましょう。

ものごとが決められない間、あなたの頭と心には常にその問題があります。そして少なからず、決められない自分自身に対してネガティブな評価をしてしまいがちです（さっさと決めなきゃ）（こんなことも決められないなんて）（決断力が乏しいのか）などなど。あなたは決められない問題を思い出すたびに、その自己評価に頭と心を疲れさせます。

だから、決意したときは頭も心も軽い感じがします。ただし、渋々決めたときはその効果は得られません。しっかり悩んで、自分で選んだ場合に、この感覚はやってきます。

次のことに進みたいなら、今の問題を片づけるしかないのです。無理に他の難しい仕事に取りかかっても効率が悪いだけです。さらに、時間の無駄が発生します。頭の中にある問題が、あなたの集中を邪魔するからです。

ものごとを決めることによって、あなたの頭と心の中に常にあった問題を消しましょう。そして、スッキリした状態で、次の行動に取りかかりませんか？

保留にしている小さな問題も後回しにしないで、決めてみてください。

section 3

決めるメリット3
選択した結果が得られる

自分で選んだという自覚が大事

とても当たり前なことですが、決めることで得られるメリットに、選んだことによる結果があります。当たり前すぎて、見失っているかもしれません。この「選択した結果」というメリット。この言葉の前に「自分で」をつけてみてください。「自分で選択した結果」なのです。

それは、他の誰でもない自分自身なのです。当たり前だろうと思うでしょうが、微妙に違うのです。

私のお客さまで、少々自信のない女性がいます。その方は、私の提案した仕事のアイデアを一所懸命やってくださいます。でも、彼女は言います。

「日奈さんのおかげだわ」と。でも、違うのです。私は提案しただけで、実行するかどうか、最後に決めたのは彼女自身なのです。そして、そう言われるたびに彼女に説明をしてきました。すると、「自分で実行する」という傾向が見られるようになってきました。

それは、なぜでしょうか？

それは、「私のおかげ」だと思っているということは、私が彼女の仕事のやり方を決めていることになります。その気持ちのままでいると、仕事がうまくいったとしても、それは私の成果になってしまいます。ありがたいのですが、それではダメなのです。彼女が、自分で「やる」と選択して、実際に行動した結果と受け取ってほしいのです。「自分の力ではない」と思わないでほしいのです。

成功した場合も、失敗した場合も、責任の所在を自分に持って来ていないのです。

「選択した結果」を、しっかり自分のものにしてこそ、メリットになるのです。

自分が選んで成功した↓悩んで選んだかいがあった。自分も努力した。たくさんのアドバイスを仰いだ。その結果がこうなったのだ。

自分が選んで失敗した↓悩んで最後この選択をしたが、間違ってしまった。多くの人に聞いたが、多くの人も間違っていた。これは難しい選択だったのだな。失敗は苦しいけれど、自分が選んだことだ。誰のせいでもない。

これが自分で選択した結果です。これが得られるのです。

成功も失敗もメリット

成功すれば、達成感や自信、そして感謝の気持ち、そして実績。

失敗すれば、悔しさ、無念さ、反省、次にどうするかという考え。

こういった結果を、他の人に渡してはいけません。自分が選択したことは、自分で結果を引き受けるのです。失敗の結果は引き受けたくないかもしれませんが、失敗しないと成功することができません。失敗を活かしていくことで、次の成功を生むのです。

たとえば、こういうことです。新しい靴をいつ履こうかと考えて、今日だと決めた。すっかり忘れていたけれど、その日は得意先回りをする日で、靴ズレができて足が痛くて商談に集中できなかった。……というように、日にちの選択を失敗したとします。この失敗を活かすためには、今後、短時間履いて慣らしておくか、得意先回りなどのない日を選ぼうと考えるでしょう。

この失敗がなければ、気づかないのです。買ったときに靴ズレするかどうかは。長時間履いてやっとわかるのです。

こんな軽い失敗なら、比較的受け入れられるでしょう。でも、基本は同じです。成功も失敗も、あなたが選択した結果です。それをメリットとして活かしていけばいいのです。

section 4

決めるメリット4
新しい世界が広がる

新しい世界とは

「新しい世界」、これを、決めることで得られるのです。「新しい世界」とは、どういうものでしょうか？　たとえばこういうことです。ある本を読もうかどうしようか迷っていたとします。理由は時間がなかったり、専門用語ばかりで難しそうだったり、図書館にもなかったり、また高価だったり、いろいろなものがあるでしょう。でも、読もうと決めて読みはじめたとします。

するとあなたは、今まで知らなかったいろいろなことに触れ、感情を揺さぶられます。本を読む前のあなたと、読んだ後のあなたとは別の世界にいるのです。読む前のあなたなら、それまで通りに考えていたことが、本を読むことによって変化します。あなたの新しい一面が生まれるのです。

本を読むことだけでなく、何かを決めて行動することで、あなたは以前のあなたではなくなります。行動したことで、あなたはいろいろなものを知り、感じていきます。それは、行動する前にはなかったものです。あなたは、自分で選択をして変化をしたのです。「新しい世界」を得たのです。

また、こんな方がいます。売り込むことが苦手な自営業の女性で、お客様にメールを送ることさえためらっていました。それでも、やらなければならないことは頭ではわかっていました。でも、なかなか行動に移すことができません。私も同じようなタイプなので、私の考え方を伝えたり、彼女の負担にならないようなメールの内容を考えて、ついにやってみようと決意することができました。そして、それからはメールを送ることができるようになりました。それによって、お客様からの反応が集客となって返ってきたのです。

彼女は、今まで知らなかった新しい世界を得られたのです。自分の思いを表現することで、相手の心を動かすことができるという新しい世界です。これは、彼女が「やる」と決めなければ、得られなかった世界です。

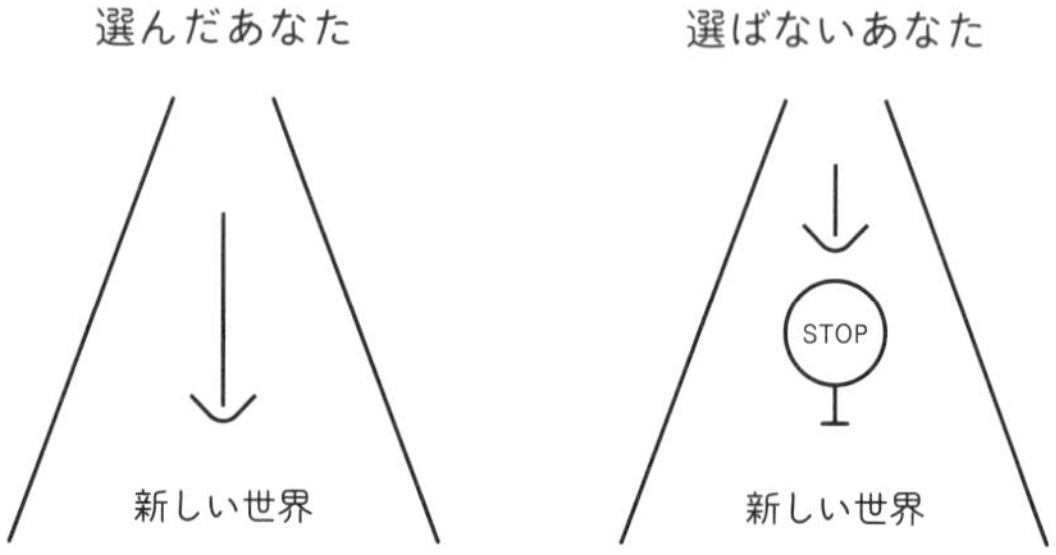

変わらないという決意も

では、変化を選択しなかった場合は、新しい世界を得ることはできないのでしょうか？　たとえば、転職することをやめて、会社に残ろうと決意をした場合はどうでしょうか？

この場合も、実は変化しているのです。機会があったら転職しようと思っていた自分から、今の会社で頑張ってみようと決めたら、仕事の取り組み方が変わります。または、この転職の話がきっかけで、自分はどういう仕事がしたいのかハッキリしたかもしれません。そして、その仕事に転職できるようスキルアップをしようとするかもしれません。そのどちらも、今までの自分とは違います。新しい世界の自分です。

「決める」ということは、新しいOSをインストールするようなものです。新しいOSになって、さらにどんどん更新していくのです。

このバージョンアップのすごいところは、何度でもできるということです。新しい自分になっても、また迷ってしまうときがやって来るかもしれません。そのときには、またインストールし直すように、また「決める」ことをしていけばいいのです。何度でも、自分を新しくさせていくことができます。

これが、「新しい世界」を得るというメリットです。

section

5

ストレスによる身体と心への影響

決めないデメリット1

決められないことは楽しいですか？

決められないことによって起きるデメリットとして、まず「ストレスによる身体と心への影響」があります。決められない自分自身を楽しんでいる人は、あまりいないと思います。

決められないことでイライラする、憂鬱になる、すぐにカッとなる、情けなくなる、悲しくなる……などなど。いい感情はあまりありません。

そもそも、ストレスとは何でしょうか？

ストレスとは「心や身体にかかる外部からの刺激」のことを言います。選択を迫られるという外部からの刺激が、心にかかってきています。

では、ストレスによって起きる反応は心にだけ表われるのかというと、そうではありません。心だけでなく、身体にもストレス反応は表われます。

では、身体にはどのようなストレス反応が表われるのでしょうか
食欲不振、暴飲暴食、眠れない、朝起きられない、頭痛、肩こり、疲労感、倦怠感などなどが起こります。

決められないことを認めよう

選択を迫られるというストレスによって、自分の方向性を考えるいい機会だと捉えることができれば、あなたは成長するでしょう。でも、「何で、そんなことを考えなければならないんだ」とか、自分では決められないと思えるほどの大きな選択だった場合、ストレス反応が起こります。

同じ選択を突きつけられても、人によってストレスと感じたり、感じなかったりするのです。

決められないことをストレスとして感じることで、心にも身体にもさまざまな反応が出ます。最初はそれが、「決められない」ことが原因だと気づいていないかもしれません。そして、周囲から言われて徐々に気づくようになります。頑張っている人ほど、そこでさらにストレスがかかります。それは「自分はこんなことでストレスを感

ストレスが増幅

じるほど弱くはない」という気持ちが、さらに追い込みます。「こんな選択ができないぐらいで、ストレスを感じるわけがない」と、頑張っている人は考えてしまいます。ここで、「ああ、自分は、この選択をすることが負担なんだな」と受け入れられればまだいいのです。

無理に自分をごまかして頑張ってしまうと、ストレス反応はどんどんひどくなっていきます。心の奥で感じている、「うわぁ〜、こんなたいへんな問題、決められないよ」という思いに蓋をして、決められない自分を見ないようにしてしまいます。

選択を迫られたことで、かなり重いストレス反応に後々まで悩まされた方もいます。その方は、離婚を考えなければならなくなったときに、あまりに大きな問題だったために（当たり前ですが）、自分を責め続けてしまいました。

なぜ、あんなことをしてしまったのか、なぜ、あんなことを言ってしまったのか……。離婚を言い出す人とは思っていなかったために、悪いのは自分なのではと、そのストレスの矛先はすべて自分に向いていったのです。

その結果、その方は今もそのことがトラウマになっていて、仕事でミスをするとそのときのトラウマがよみがえってしまい、パニック状態になってしまう反応が残ってしまいました。こうなると、選択がPTSD（心的外傷後ストレス障害）を引き起こすまでになってしまうのです。

ものごとが決められないときには、本来の問題だけでなく、それにまつわる過去のことなどがあなたの心を刺激します。少しでも、ストレスを感じているのかなと思ったら、すぐに休んで身体と心をリラックスさせましょう。ストレスフルな状態で考えても、正しい判断は下せないからです。

section 6

決めないデメリット2
人間関係が悪化する

二段階で影響

決められないことによるデメリットとして次にあげるのは、「人間関係の悪化」です。決められない状態が続くと、ストレスがたまります。そうなると、自分自身の身体と心だけでなく、周囲の人間関係にも悪影響が及びはじめます。その悪影響は二段階に分かれます。まず一次被害は、その選択肢に関わる人たちへの悪影響。そして、二次被害はその選択肢とは関係ない人たちへの悪影響。

この2つがあります。あなたが決めることができないだけで、あなたの周りの人に悪影響をどんどん与えていくことになります。

では、それぞれ具体的にどういうことなのか、説明をしていきます。

選択肢に関わる人たちへの悪影響

あなたが、決められなくて悩んでいる間、それぞれの選択肢に関わる人たちは、あなたの決定を待っています。それによって、動きが変わる人もいるでしょう。返事が来ないために動きが取れずに困っているかもしれません。

あなたが決めかねて悩んでいる間に、返事はまだなのかと、催促をする人にとっては、あなたの煮え切らない態度にイライラを募らせます。あなたの返事によって状況が変わるために、動くことができないでいるからです。何度も何度も催促をするうちに、あなたへの信用度は低くなっていくかもしれません。

また、あなたの決定が遅くなったことで、その決定した選択肢に関わる人たちは、急いで対応しなければならなくなります。「もっと早く決めてくれていたら……」と、不満を持つかもしれません。

選択肢とは関係ない人たちへの悪影響

決められないあなたは、どんな状態でしょうか？　ストレスがたまって心と身体に影響が出ています。身近な人に八つ当たりをしてしまうかもしれません。また、何かを訊ねられたり、頼まれたりしたときに、余裕のないあなたは、いつもの対応ができずに冷たくしたり、声を荒げてしまうかもしれません。

でも、その人たちにとっては、あなたが決められずに悩んでいることとは無関係です。無関係なのに、感じの悪い対応をされたらどうでしょうか？

自分の気持ちはわかってもらえない

人間関係が崩れるのはあっという間です。そして再構築するには、相当な努力が必要になります。ものごとを決められずに迷ってしまうのは、人間関係が原因であることが多いのですが、迷ってしまうことで、人間関係が崩れてしまうこともあります。

人は、自分の気持ちしかわかりません。あなたが、どんな状況で、何をしてほしがっているのか？　また、なぜそんな状況になってしまっているのか？　それは、あなた以外の人にはわからないのです。

自分の気持ちをわかってほしいと思うこと自体が間違っています。わからないと思えば、相手があなたの気持ちを考慮しなかったとしても、当たり前のこととして理解できるでしょう。そして、あなた自身も、自分の気持ちや状況を説明して、周りの人とのトラブルを回避できるようになるはずです。

section
7

決めないデメリット3
自信を失う

行動を生み出す自信

決められないことで起きるデメリットで、あなたに長く大きく影響してしまうもの、それが「自信を失う」ということです。

そもそも「自信」とは何でしょうか？　多くの人は「何かができること」または「できる可能性を感じていること」を自信と捉えています。契約を取ってくる自信がある、この書類なら2時間で仕上げる自信がある、今度の資格試験は絶対に合格する自信がある、などと使います。

では最初に、「何かができる＝自信」がどうして失われるのでしょうか？　たとえば、こういうことです。

今まで生卵をキレイに片手で割ることができる人は、「自分は卵をカッコよく割れる」という自信を持っています。ところが、なぜかあるときからまったくできなくなってしまったとします。原因もわかりません。最初は1回だけかな？　と安心していたけれど、なかなか復活しません。すると、自分自身の能力を疑いはじめます。この疑いがはじまったら、もうその時点で「自信」は崩れていきます。

これと同じ状況が、決められないときにも起きています。今まで、自分ですんなり決めてきた人は、決めることに対して疑いもなく、「自分は決められる」という自信を持っています。ところが、突然なぜか、ものごとが決めらなくなってしまいます。心が定まらないのです。いろいろな方法を試してみても、決めるときになると躊躇してしまいます。なぜなんだ？　どうしてなんだ？　と頭の中はぐるぐると原因を探っています。そして、「自分は決められないのか？」という考えが出てきます。すると、自分の行動に自信が持てなくなってきます。そして、このことは他の行動にも影響します。

決められない問題に対してだけではなく、部下への指示も、会議での発言も家族との会話も、いろいろなことに自信が持てなくなってしまいます。それは、「決める」ということに関する自分の自信を失ってしまったために、これまでは確かにあると思っていたものが、なくなってしまうかもしれないという不安にかられるからです。

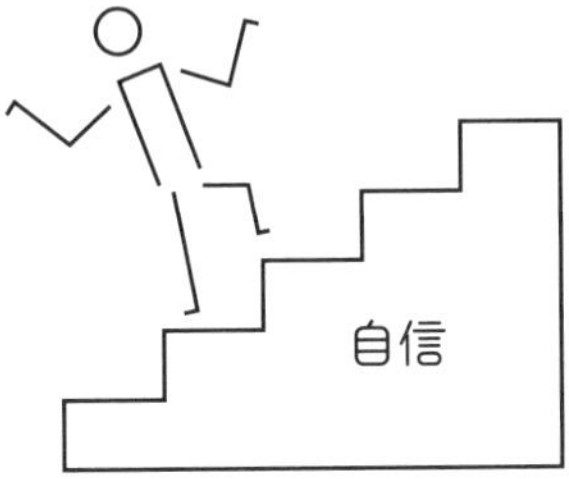

「できること＝自信」という定義では自信は崩れやすい

「決められない」と、自分自身を責めたり否定することで、どんどん自信は失われていきます。

信じる＝自信

そして真の「自信」。こちらも失われます。これは、「いかなる結果が待ち受けていようともやってみよう」という思いを「自分を信じる＝自信」と呼びます。何かができるかどうかという結果ではなく、「やってみよう」という決意です。

「決められない」ということは、自分の意思がわからないということです。自分が何をやりたいのか、何が大切なのかわからなくなっている状態です。いわゆる、軸がぶれている状態です。自分の気持ちを信じていないのです。

この「自信」は決意なので、あなたが選んだものによって失敗してもいいのです。でも、その決意ができない。この状態が「自信」を失っている、ということです。

私は「自分を信じる＝自信」のほうが大切だと考えています。なぜなら、この自信はどんな状況であっても、行動を引き起こす原動力だからです。私は心の専門家ですが、心の中だけを変えても、現実は何も変わりません。現実を変えることができるのは、あなたの行動だけです。決意して、選択したことをやってみることです。

自分を信じることができない「自信を失う」状態では、あなたの日常生活である現実を変えることはできません。本当の自信は「できる」ことにあるのではなく、「やってみよう」とすることにあるのです。それを「決められない」あなたは失っているのです。

section
8

決めないデメリット4
視野が狭くなる

多角的に見ていますか？

ものごとが決められない状況が続くと、感情のコントロールが効かなくなり、気持ちに余裕がなくなってきます。そして、それが顕著に表われるのが、「いろいろな立場や角度からものを見る＝多角的な視野」です。

たとえば、こんな状態です。

自分自身も残業しなければ終わらない状況のときに、上司から他の社員を手伝うよう指示された。いつもなら、上司の考えや他の社員の状況などを推測して、自分の仕事を調整していた。けれど、決められない問題で頭がいっぱいになっているため、どう調整していいのか、考えつかずにただイライラするだけになってしまう。

調整するという能力は、ものごとをさまざまな面から考察して、新たな組み合わせにしていく能力で、多角的に見ることが必要になります。

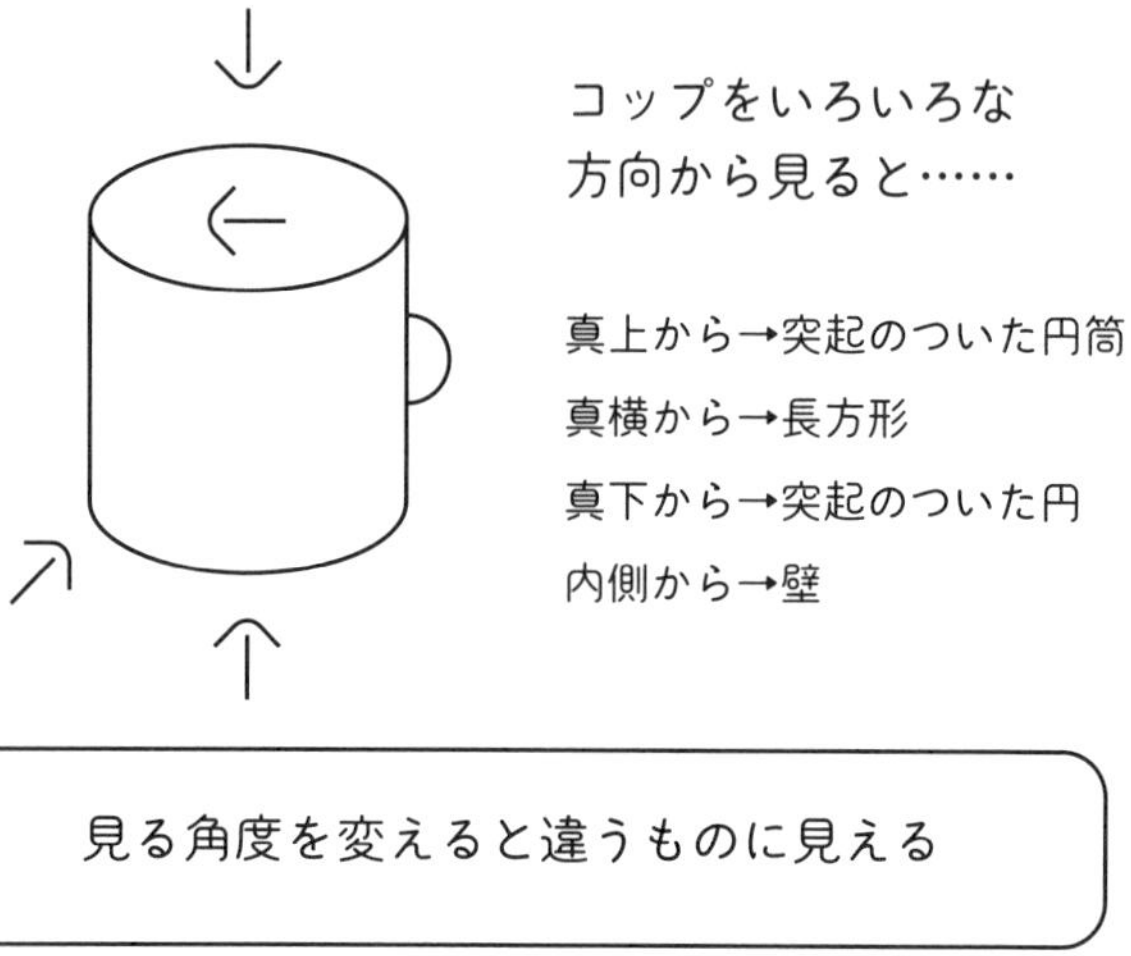
コップをいろいろな
方向から見ると……
真上から→突起のついた円筒
真横から→長方形
真下から→突起のついた円
内側から→壁
見る角度を変えると違うものに見える

「多角的に見ていた視野が狭くなる」状態は、決められない問題についても、同じように起きてきます。どちらの選択肢にするか決められない状態になると、はじめのうちは、それぞれの可能性を感じたり、選んだことによってどうなるのかを考えたりすることができます。しかし、なかなか自分の意思が決まらない状態が続くと、考えるポイントが限られてきます。「なぜ、決められないのか」という点にばかり目が行ってしまうようになるのです。

「なぜ、決められないのか？」ということを考えても決められません。

「なぜ、決められないのか？」という

疑問は、決めなければならない選択肢から目をそらせています。これは違う問題です。でも、そこばかりが気になってきます。

さらによくないことに、原因を探求するために考えているのではなく、自分を責めるために考えているのです。「決められない自分は、本当は意気地なしなんじゃないのか……」「勇気がないのか……」「責任を取るのが嫌で逃げているのか……」というように、次々に自分を責めるような言葉が浮かんできます。

こうなると、自分が同じことばかりを考える、しかも本来の問題について考えていないことにも気がつきません。

原因究明しても決まらない

このように、本来の問題を考えなければならないのに、その一部である決められない理由ばかり意識してしまう方を、私は大勢見ています。たとえば、こんな方もいました。

仕事で発注をかけるときに、数量がなかなか決められない方がいました。すると、その方は、はじめのうちは数字を過去のデータに照らし合わせたり、今後の見込みについて検討していましたが、なかなか決まりません。

そのうち、決められないストレスから、その方の同僚の批判になってきました。その同僚も発注を担当しているので、関係者ではあるのですが、決められない理由を、すべてその同僚が原因のように考えています。原因は他にもあるけれど、もう目が向きません。もちろん、原因を究明しても、発注数は決まりません。原因究明ばかりに目が行っていることに、気づかなくなってしまうのです。

このように、決められないことによって余裕を失うと相手の立場になれず、また原因究明ばかりという状態になってしまいます。

section 9

決めないデメリット5
思考力や判断力の低下

いつもならわかるのに

「決められない」というストレスは、あなたからいろいろなものを奪っていきます。「思考力や判断力」も、このストレスによって奪われていきます。

どんな状況になるのかというと……。あなたが、その決められない問題を考えているときに、上司から急な仕事の依頼がありました。今までやってきた内容を、大幅に変更するというものです。

さあ、このような状況になったとき、あなたはどうなるでしょうか？ 頭の中にある決められない問題を、さっと切り替えて上司の指示する仕事に取りかかれるでしょうか？ 集中して取り組もうと思っても、なぜか続かず、簡単なミスをしてしまう。

いつもなら、こんなことはないのに……。こんな状況になるのではないでしょうか？ 過去の自分を振り返ってみて、家庭の悩みや、仕事でトラブルがあったとき、思考力や判断力が低下していたことはないでしょうか？

頭の中に解決できない問題があって、そのことをネガティブに捉えている状態のときです。

私は、その問題について否定的に考えているときの頭の中は、しつけのできていない犬を連れて散歩するようなものだと私は考えています。

しつけのできていない犬は、ご主人より先に進んだり、いきなり走り出したり、脇道ばかりに行こうとしたり、なかなか行きたい場所に行けないものです。途中で出会った知人とおしゃべりをしたいと思っても、犬がイタズラをしたり、引っ張ったりするので、それもままなりません。犬に振り回され、散歩が楽しいものではなく、疲れ切ってしまうものになってしまいます。

しつけのできている犬なら、そんなことはないでしょう。決められない問題を抱えているときは、自分自身の感情や思考が制御できない状態になってしまうのです。

うつ症状を引き起こすことも

ストレスは、心身にさまざまな影響を与えます。「決められない」というストレスをケアしないでいると、心身が対応できなくなってしまいます。

ひどい場合は精神疾患になってしまったり、身体に症状が出て病気になってしまう場合もあります。

ストレスからくる病気の例として、うつ病があります。そのうつ病の症状のひとつに、思考力や判断力の低下があります。新聞を読んでも、文字が頭に入ってこない、同じところばかりを読んでしまう。会社でパソコンのモニターで資料を確認しているけれど、理解ができなくてずっとその画面を見ていた。こんな症状を、よくお聞きします。

私はうつ病の専門家ではないので、くわしいメカニズムはわかりませんが、うつ病を経験した方たちのお話で、ご本人が驚くのが、思考力や判断力の低下のようです。感情の病気と聞いているのに、頭が悪くなったのか、自分の能力が低下してしまったのか……とさらにストレスがかかってしまうようです。

決められない問題を抱えるという状態を長く続けることで、うつ病と同じように脳の機能にも影響が出てくるのです。ただし、ひどい状態になる前に決めることができれば、機能は回復していきます。

まずチェック

決められないということに、うつ病が潜んでいる場合もあります。「おかしいな」と思ったら、うつ病のチェックシートがネットで手に入るので、まずはそれをやってみてください。そして「疑いあり」となったら、すぐに医療機関に受診をしてください。一時的な状態であれば安心だし、うつ病と言われたら、早期に治療にかかれます。

ストレスからうつ病になる方は、自分の中で処理しきれない問題を抱えていたようです。そうならないためにも、解決の方法を知って取り組んでいくことが必要です。むやみに頑張れば解決できるというものではありません。

逆に、その頑張るクセがストレス解消を阻んでいるのです。思考力が落ちたり集中できないというときは、自分を責めたりせず、少し客観的に見るようにしましょう。

chapter

4

決断と選択を邪魔するもの

section
1

失敗への恐れ

結果かプロセスか

人は、行動をはじめようとするときに、必ず「それをするとどうなるのか？」ということを考えます。ある人は、結果に目が行きます。また、ある人はプロセスに目が行きます。たとえば、お客様と何度か話をして、そろそろ契約するかどうかを切り出そうというとき、あなたは結果とプロセスのどちらに目が行きますか？

結果に目が行く方は、「ＯＫがもらえるだろう」とか、「まだ無理かな」などと考えます。プロセスに目が行く方は、どんなふうに言ってみようかな、どんな反応を示すのかな、と考えます。

さて、どちらが行動に移しやすいでしょうか？　結果に目が行く場合は確実性があるかもしれません。高い確率でＯＫがもらえるとなったときに、契約へと切り出しているからです。でも、その確率は過去の経験値や自分の想像でしかありません。そのときの相手の状況など、予測不可能な事態が起きているかもしれません。

プロセスに目が行く場合は、契約が取れるかどうかよりも、自分が切り出した内容に相手がどんな反応をするのか、自分の営業トークがどんな効果をもたらすのか、そちらが気にかかります。もちろん、契約がもらえる確率で言えば低いかもしれません。でも、予想しなかった契約が取れることもあります。仕事をしていく上では、結果はとても大切です。

その結果には成功と失敗があります。確実に成功するなら、やってみようという気持ちにもなりやすいのですが、成功するか失敗するかわからない状況では、やってみようという気持ちにはなりにくいものです。まさに、その状況が決意と選択を邪魔しているのです。

なぜ、失敗を恐れるのか

私たちは、子どもの頃からずっと、失敗をしないようにと教えられてきました。失敗を褒められた経験もありません。「失敗はよくないことだ」という概念を当たり前だと思っているので、「失敗するかもしれないけれどやってみたい……」という欲求

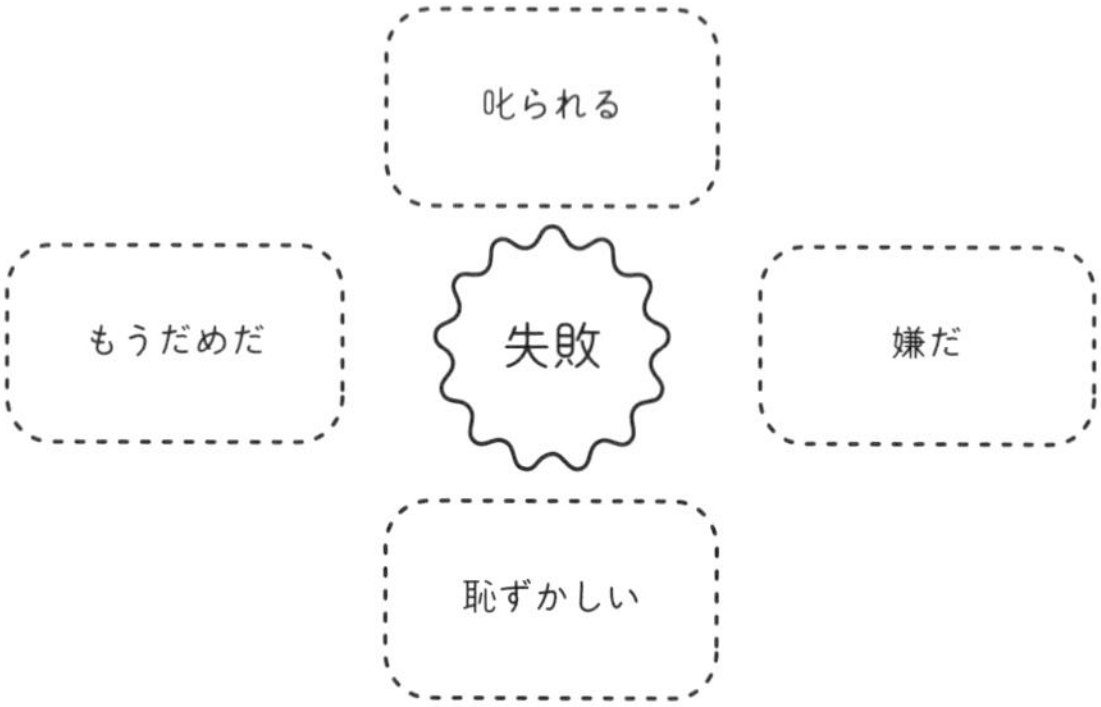

失敗という出来事に対して、
このような感情が湧くクセがある

にしたがうことは難しいことです。その欲求を抑え込んで、やってみたいと思うこともやめてしまっている人もいます。これでは、どうなるか予測不能な選択などできるわけがありません。

親や学校が悪いわけではありません。元々、人間は失敗を恐れる本能を持っているのです。

大昔の人間にとって、一度の失敗は死を招くことにもつながっていました。新しい土地で作物を作り、また木の実や野草を採る環境において、失敗は命を脅かすものです。狩りに出れば、命の危険と隣り合わせでした。だから、何かを選択するというときには、失敗を恐れてしまう気持ちや考えが出てしまうのは、ごく当たり前のことなのです。

失敗の恐れを超えるには

では、その失敗を恐れる気持ちをどうやって乗り越えたらいいのでしょうか？

実は、人間には「失敗を恐れる」という本能以外にも持っているものがあります。

それは「成長の欲求」です。自分をよくしたいという欲求です。

赤ちゃんが立ち上がって歩こうとするプロセスには何度も失敗がありますが、それでも、あきらめることなくチャレンジしていきます。向上したい、成長したいという欲求が失敗への恐れを超えたとき、決断と選択をすることができます。

プロセスを重視する考え方もあるのだということを知ってください。結果ではなく、選択したものを進めていくときのプロセスにも価値がある、ということです。

失敗も、実は最終の結果ではありません。もう一度チャレンジすれば、それはプロセスとなります。そう、失敗はプロセスの一部なのです。それを、何度も自分に言い聞かせてください。

結果重視の思考のクセが抜けるまで何度も言い聞かせることです。失敗を恐れる気持ちが出ても、それは思考のクセが出ているだけです。そこに振り回されることなく、何度も言ってみてください。

section 2

「嫌われたくない」という思い

日本人の特性でもある

「嫌われたくない」という思いも、失敗と同じように克服するのはとても難しいものです。とくに、日本人は農耕生活を送ってきたため、集団で助け合って生きてきました。そのため、周りの協力が得られなくなることは、生活ができなくなることを表わします。火事とお葬式以外は一切交際を断つという村の中での懲罰「村八分」に象徴されるように、日本人は周りに嫌われることをたいへん恐れています。選択をすることで、自分は周りの人から嫌われてしまうのでは……という思いが、あなたを迷わせてしまいます。

私のところに相談に来られた、集客が苦手なBさんもそうでした。自分の店に来てほしいということを伝えることに、とても強い迷いがありました。それは、こんなことを言ったら嫌われてしまうのではないだろうか、という気持ちが出てしまうからです。

嫌われるよりは、好かれているほうが、ものごとは進みやすいように思うでしょう。でも、本当にそうでしょうか？

周りに好かれることを意識するあまり、本来の自分がやりたいことをやらないでいることはありませんか？　順調に進むことを選ぶのか、自分が本当にやりたいことを選ぶのかで迷っているのではないでしょうか？　やりたいことをやってしまうと、周りに嫌われてしまうのではないかということがネックになっているのではないでしょうか？　周りにどう思われても構わないという覚悟のある方なら、決められなくて、どうしたらいいかわからないという状態にはなりにくいものです。もし、自分をそう思っていたのなら、知らず知らずのうちに、他人に嫌われない選択をしていたのかもしれません。

人にどう思われてもやりたいもの

では、日本人の心の奥深くに住みついている、他人から嫌われたくないという思いをどうやって解消したらいいのでしょうか？

嫌われないような行動ばかりしていこうとすると、自分が何をしたいのか、わからなくなってしまいます。

あなたが本当にやりたいことを選んだときに、本当にあなたは嫌われてしまうのでしょうか？　試しに一度、いつもと違うことをしてみてください。ランチを一人で食べてみる。付き合いで参加していた飲み会の誘いを断ってみる。言わないでいたことを言ってみる。どんな小さなことでかまいません。あなたが「嫌われてしまうかも……」と思って、やらないでいたことをやってみるのです。大きなことは難しいので、ほんの小さなことでチャレンジしてみてください。

40代の女性社長のCさんは、現在の会社を前任の社長から引き継いで経営しています。その社長のことを、今も尊敬していろいろと報告していました。新規開拓がなかなかできていないという状況をCさんからお聞きしたとき、前社長のやり方から外れないようにしているのを感じました。そのことをお伝えすると、Cさんもはっと気づかれて、「前社長の顔色を気にしていた。何かやろうというときは、どう言われるだろうかとすぐ考えて、受け入れてもらえそうな案ばかりやっていた」と話してくれました。それでは、現状を抜け出せないということに気づいたCさんは、自分のやりたい方針を話してみる。何か言われても、それはアドバイスとして受け取っていくというように、前社長に対する関わり方を変えました。

他人から嫌われたくないという思いから、私たちは間違った判断をしてしまうことがあります。自分でものごとを決めていくということは、自分の意思を表わすことです。誰のためでもありません。自分自身のために、ものごとを決めていくのです。

section 3

未知への不安

結果がわからないと選択できない

あなたが、何か行動をはじめようとするとき、その結果がどうなるのか考えてからはじめることが多いのではないでしょうか？　その結果が、今まで対応したこともない状況に陥るかもしれないとなった場合、人は不安を感じます。また、成功するか失敗するか、確率が50％のときにも不安を感じます。多くの人は、結果がわからない場合、なかなかその選択肢を選ぶことはできません。

Dさんは、30代半ばの男性です。カウンセラーとして独立するか、一般企業に就職するか迷っていました。Dさんがやってみたいのは、カウンセラーとして独立することです。でも、うまくいくのか失敗するのか、まったくわかりません。今は、まだお客様も少ない。けれど、この先増えるかどうかもわからない。とはいえ、では、もうひとつの選択肢である、一般企業に就職するということも、積極的には選びたくない。

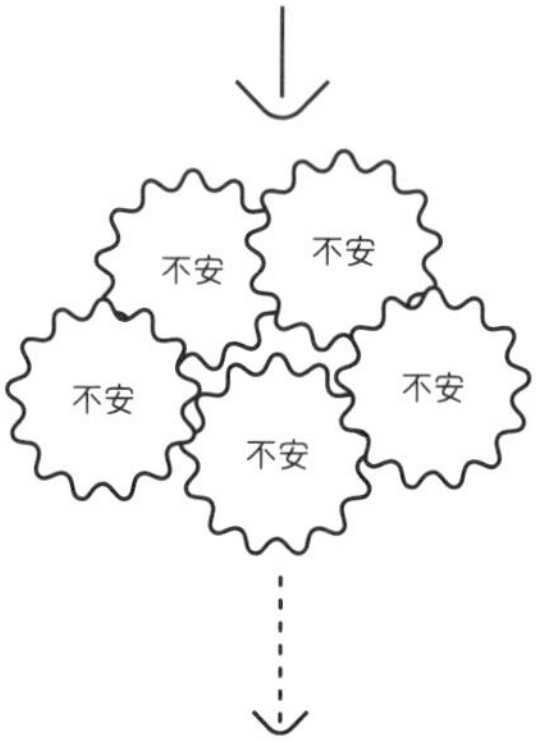

体験していないこと

そのためDさんは、どちらも選べずに悩んでいました。

また、不安はそれだけではなく、カウンセラーとしての資質やスキルについてまで自信がなくなり、不安が増えてしまいました。そんなDさんは、どうやって不安を解消していったのでしょうか？

Dさんは、先々に起きる大きな不安ばかりに目が行ってしまい、目の前にある小さな作業を忘れていました。Dさんにはまず、どちらかを選ぶことよりも、小さな行動を積み重ねてもらいました。カウンセリングを行なう会場の選定や、カウンセリングに使う記入用紙の作成など、Dさんが難しいと感じないことをやっていただきました。こうして、悩まなくてもできる作業をしているうちに、知らず知らずにDさんは不安を感じなくなっていきました。そして、自分からカウンセラーとして独立するように動き出しました。

そうなのです。不安は、小さなことでも行動することで解消されます。実際に行動してみて、その中で感じて考えることは、何もしないで想像だけしているのとでは大きく違います。

これが、不安を解消する方法です。

選択の邪魔をする「未知への不安」も、同じように小さなことをすることで、この先どうなるかわからない不安も感じなくなっていきます。

不安は、あなたが作り上げているものです。未来がわからないのは、どんな状況であっても同じです。不安に惑わされないで、小さな行動をしてみてください。

section

4

「評価してほしい」という欲求

誰のために？

あなたは、何のために選択をしようとしているのでしょうか？　家族のため？　会社のため？　誰かのため、何かのために自分の大きな選択をしようとしています。

そして日頃のあなたの行動も、誰かのため、何かのために行なっているのではないでしょうか？　そういう方にとっては、たいへんショッキングなことですが、「誰かのために」という思いは、必ずしも原動力になるわけではなく、ときにはその思いが、あなたの足を引っ張るものとなってしまうことがあります。

結果をうまく出すことができて、「誰かのために」と思っていたその対象者から評価が得られれば、何も問題は出てきません。でも、結果が出なかったり、また出たとしても対象者から評価を得られなかったらどうでしょうか？　あなたの心の中に、「せっかくやったのに……」という思いが湧いてこないでしょうか？

対象者に対して、怒りや落胆などを感じていないでしょうか？「誰かのために」という思いは、美しい言葉です。本当に自分の欲を捨てて誰かのためにできるのなら、すばらしいと思います。でも多くの人は、そこまで悟って生きているわけではありません。

ほしいのは評価

なぜ、「誰かのために」という思いを持っていては、ものごとを決めることができないのでしょうか？　それは、他者からの評価を求めているからです。これをやったら、相手はこう思ってくれるんじゃないか……。そこに、自分の思いはありません。自分の思いを優先したら、ほしがっている他者からの評価は得られないと思っています。そこに自分が充実するための選択肢があるということを思いつきもしないのです。

Aという選択をすれば、周りが喜び評価も得られるとわかっている、でも自分のやりたいことではない。そこで、選択できずに立ち止まってしまう。よくあるパターンでは、この会社に入れば将来は安泰、周りも安心をする、評価も得られる。でも、本当にやりたいことではない。自分のやりたいことと周りの評価を得ることとのはざま

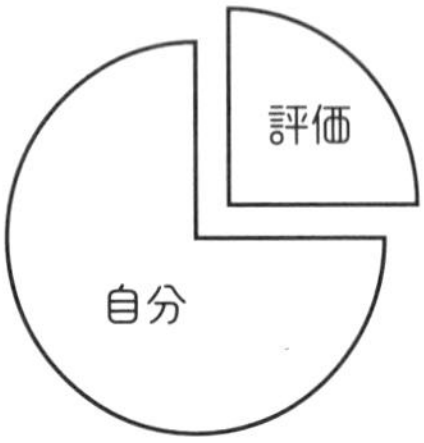

自分の欠けている部分を
評価で埋めようと
していませんか？

に立たされる。今まで自分のやりたいことを優先させてきたことはないため、そちらを選択することができない。選択するために、自分を納得させる理由を持っていない。誰かのために生きることがいいことだ、正しい選択だ……という価値観しかないからです。

自分を充実させること

他人の評価ではなく、自分がどうしたいのか。誰かのためではなく、自分のための選択をしていくことが、あなたを行動へと導きます。

ボディケアの店を営むBさんは、「お客様に、健康になって喜んでいただくために」という理念で営業をしていました。でも、喜んでもらえたら、やる気になって、喜んでもらえなければ、やる気がなくなるというように、他人の評価で自分が振り回されてしまう。

そんな状態を繰り返していました。

でも本当は、他人の評価を得るためにではなく、「足の裏から身体の状態を探って、ほぐしていくということのために自分は仕事をしていくんだ」というように、他人の評価ではなく、自分自身の喜びのために仕事をするんだと意識を変えることで、お客様へのアピールの仕方も変わっていきました。

「誰かのため」などと言って、自分自身の本当の思いに気づかず、聞こえのいい言葉で、自分のことも知らないうちにだましてしまっているのです。物事を選択することもできないのに、誰かのためになることなどできるはずがありません。自分のために行動していくことが、あなたを強くしていきます。

section

5

過去の失敗や成功

経験が未来を予測する

あなたの選択を邪魔するものはいろいろありますが、この「過去の失敗や成功」もそのひとつです。あなたはこれまでに、いろいろなことを経験してきました。それによって、あなたは物の見方や考え方を身につけてきました。また、こうすれば成功する、こうすれば失敗するといった経験値を積んできました。

そして、その経験値があなたの未来を予測する尺度にもなっています。どういうことかというと、紙を燃やしたときにうっかりヤケドをしてしまったという経験があると、また紙を燃やすことをすると、ヤケドをするかもしれない、だから燃やさないほうがいい。というように、未来を予測して行動をしています。

あなたは過去において、失敗が多いと思っていますか？　それとも成功が多いと思っていますか？　その比率があなたの未来の予測を左右します。自分の過去はうまくいかなかったことが多いと思っているなら、未来の予測は失敗の多い悲観的なものになります。逆に、うまくいったことが多いと思っているなら、成功の多い楽観的なものになります。

捉え方の違いが差を生む

成功と失敗の数は、人によって違うのでしょうか?

私が以前、コールセンターのオペレーターの指導をしていたとき、当然電話はどのオペレーターにも均等に当たります。そして、勤務をはじめて半年ぐらいまでは、どのオペレーターも同じように失敗をしていきます。ところが、お客様との対応でトラブルを起こした際の捉え方の違いが2つのパターンに分かれていました。

お客様はもちろん、周りの同僚や他の部署の社員にも迷惑をかけてしまったと考えるオペレーター。そして、たくさん迷惑をかけてしまったが、周りの人に助けられて乗り越えることができたと考えるオペレーター。その捉え方の違いは、お客様の言動の予測に大きく表われていました。

前者のオペレーターは、お客様は怒るものだと考えているため、付け入れられる隙を作りたくなくて、弱みを見せない受付をするようになります。ところが実際は、心にゆとりがないので、臨機応変な対応ができなくなります。

後者のオペレーターは、トラブルが起きても解決していけるものだと考えているため、楽観的で小さいミスが多いが、イレギュラーな事態に対して、人に助けてもらいながらも対応していくことができます。

どちらの対応にも一長一短がありますが、後者のオペレーターのほうがその後、対応がうまくなっていきました。

このように、あなたがものごとを決めようとするとき、過去の出来事の捉え方が大きく影響するのです。成功も失敗も、出会う出来事は同じような比率です。それをどう受け止めるのかに、個人差があります。

口癖を変える

では、どうしたら出来事の捉え方が変わるのでしょうか？　前者のオペレーターも後者のオペレーターも、周りに助けられてトラブルを解決しています。二人の違いは、出来事の解釈の違いです。トラブルの解決のために動いた周りの人に対して、迷惑をかけたと捉えるのか、助けてもらえたと捉えるのかというように、同じ出来事でも、違っています。

そして、この二人の違いは口癖にもありました。迷惑をかけたと捉えるオペレーターは、「申し訳ございません」と言います。助けてもらえたと捉えるオペレーターは「ありがとうございます」と言います。

出来事の捉え方によって口癖が変わるということです。みなさんの口癖はどちらでしょうか？　この口癖で、自分の傾向を知ることができます。

これを逆に利用して、口癖を変えることで捉え方を変えることができます。つい口から、「申し訳ございません」と出てしまいそうになるときに「ありがとうございます」と言い換えてみましょう。

そして、この方法は、これから起こる出来事だけでなく、すでに起きてしまった出来事に対しても、言い換えをしてみてください。あなたの過去の出来事が「迷惑をかけてしまった」ことから、「助けてもらった」ことに変わります。

section

6

この先に来る責任

責任を受け止める

選択をしようとするときに、みなさんの頭によぎるもの、それが「この先に来る責任」です。自分が選んだ道で、どんな責任を負わなければならないのか、その重さが選択する意思を鈍らせます。

では、どのようにしたら責任を受け止めることができるのでしょうか？　責任から逃げて選択をするということはできません。それをしてしまうと、またすぐに行き詰まってしまいます。今、この選択をするときに、しっかりと責任について考えて覚悟をすることが大切です。

そうなのです。今、選択することができないのは、責任を取る覚悟ができていないからなのです。責任を受け止められるようになるということは、覚悟をするということです。

では、その覚悟はどうやったらできるのでしょうか？

責任を負う覚悟の決め方

地方議員の妻として、夫のサポートをする40代のEさん。Eさんは、ご主人の選挙にまつわる人間関係にストレスを感じていました。それでも、選挙のときには挨拶回りやさまざまな準備、選挙事務所の運営など、いろいろな問題が降りかかる中、笑顔で対応することが求められていました。ところが、Eさんの中にはいつも「やりたくない。でも、やらなきゃいけない」という葛藤を抱えていました。選挙戦も終盤の頃、ストレスから過呼吸の発作を起こすほどになってしまいました。そんな状態のEさんに対して、私は「もうやめていいよ。あとはやるから」と伝えました。

ところがEさんは、その言葉がきっかけで覚悟を決めることができました。選挙戦は嫌だ、でも落選も嫌だ、逃げることよりも自分はやれるだけやりたい。そう思っている自分に気がついたのです。そして、その後は投票日まで周りを盛り立てて、ご主人を当選へと導くことができました。

Eさんの場合、無理やり嫌な状況に投げ込まれたと思っていたため、覚悟をすることができませんでした。でも、関わらないという選択ができるのに、自分はその選択をしていなかった。自分はすでに選んでいたのだということに気づいたときに、自然に覚悟をすることができていたのです。

覚悟をするということは、自分の心の奥の意思に気づいて、その意思を貫くということです。自分の意思がはっきりしなければ、選ぶべき道もわかりません。

まず、自分の意思を確認すること、そして、周りの思惑ではなく、本当にやりたいのかを自身に確認します。このときには自分に集中して、他の人が自分に向けて言ったさまざまなことも、すべて無視して考えます。時間をかけてもいいのです。最悪な状況になったとしても、それでもやるかどうか、自分を信じることができるかどうかです。

「すべての責任は私が負います」――この言葉が言えるかどうかなのです。ふだんであれば、気楽に言えるかもしれないこの言葉が、責任というものを感じているときには口に出せないのです。最悪な状況になったとしても、生きているなら何とかなります。どん底の状態になることを恐れていたのでは、この言葉は言えません。自分が本当にやりたいということ以外、失くしてもいいかどうか自分自身に確認をします。

「すべての責任は私が負います」という覚悟をするために、欠かせないのが自分を支えてくれる人たちです。この人たちがいるから、自分は生きていられるという感謝の思いがなければ、たった一人で責任を負うことはできません。なぜ、自分だけがこんな目に合わなければならないのか、と思っているうちは責任を負うことはできません。

Eさんも、周りの人に支えられていることを素直に受け入れることができたからこそ、責任を負う覚悟ができたのです。

section

7

集中できない環境

多すぎる情報

あなたの決断と選択を邪魔するものとして、あなたの思考や感情の面からいろいろなものをお伝えしてきました。でも、それだけではありません。日常の具体的な事柄にもあります。

葛藤を超えるためには、その問題にじっくりと向き合える環境が必要です。人によって好みの差はありますが、できるだけ静かな場所が必要です。そして、選択を考えることに使う時間です。

ものごとを集中して考えるには、情報のインプットを止める必要があります。インプットしながら集中はなかなかできないからです。いったん、人の意見や生活の中の雑音をシャットダウンします。たとえば、一人でウォーキングをしながら考えるとか、静かな音楽を聞きながら一人で考える。そういった時間と場所を作ってください。通

集中を邪魔するもの

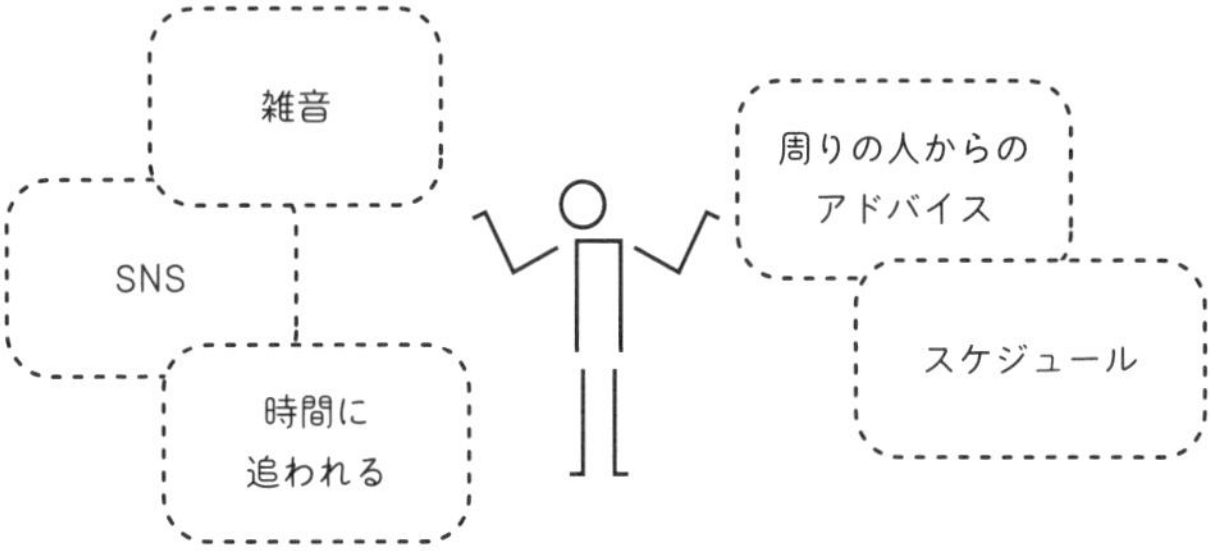

勤電車の中で考えようとか、人の話し声が聞こえるようなカフェなどで考えていても、気が散るばかりです。

周りの人からのアドバイスもテレビの音も、この後のスケジュールも、日常生活はあなたの集中を邪魔するものばかりです。

雑音を排除しない自分

このように、ふだんの生活の中にはさまざまな雑音があります。雑音は、あなたの集中の邪魔をします。気を散らせてしまう雑音、これは周りが悪いわけではありません。シャットダウンしようとしない自分自身の問題なのです。時間を作らないことも同じです。

問題を軽視しているのか、軽視したいのか、あなたは集中できる環境を作ろうとしない。今までの生活の中で、決断と選択をすることができていないのならば、方法を変えたほうがいいのではないでしょうか？

私の仕事は、悩んだ末に相談してみようと、やっと問題に本腰を入れた方と問題の解決点を見つけていくことです。それまでは自分一人で悩んでいた問題を、じっくり取り組める環境を作ろうと動きはじめた方ということです。私が、実際にどういったところでお話を聞いているのかというと、その方に合わせて、ご自宅や会社へ伺ったり、静かなホテルのロビーでお会いしたり、集中して問題について考えられる環境を作るようにしています。さらにデリケートな内容の場合には、私のオフィスにお越しいただいてお話しいただけるようにもしています。リラックスしてお話をしていただくためには、スキルだけでなく、環境要因も整えることをしています。

心の問題解決をするプロの私でも、どんな環境でもいいというわけではありません。集中して考えていただけるように気を配ります。それは、環境を整えることの重要性を知っているからです。私のような専門職に頼まないのであれば、その努力は自分自身でする必要があります。

問題を解決するための努力を惜しまないでください。集中して問題解決するためには、時間も必要です。これは、隙間時間でできるようなものではありません。他の仕事よりも優先順位を上げて、時間を取るようにしてください。

場所と時間を作ること

お客様のFさんは、健康診断で重大な病気が発見されました。ところが、なかなか真剣に考えようとしませんでした。うまくいくだろうと楽観的に考えていました。担当医の話も、自分の都合のいいように聞いていました。また周りの方も、楽観的な観測で言葉をかけていたようです。家族は、その病気のことには触れないようにしていましたが、気にしていないはずもなく、その気配をFさんはしっかりと感じ取っていました。

そのような中、私と話をする時間を作っていただきました。雑音の少ない場所で2時間少々の時間でしたが、二人で話をして、やっと病気に向き合うことができました。自宅にいたり、仕事をしていては雑音が多いために考えられないのです。

いろいろな雑音から切り離された環境や時間を自分から作るということ、その自主的な行動が、葛藤の解消に一歩近づいていくのです。

今、決断と選択をする必要がある方は、すぐにスケジュールの調整をしましょう。そしてテレビも消して、パソコンもオフにしましょう。スマートホンも電源を切ってしまいましょう。それが解決の第一歩です。

chapter

5

葛藤を解消するための4つのステップ

section
1

選択の基準を持っているか

自分に正直な基準

あなたは、どのような基準で仕事を選んだのでしょうか？　業績？　給料？　経営理念？　いろいろあるとは思いますが、何らかの基準があったことと思います。それがなければ、世の中には会社が多すぎて選び切れません。

では、あなたは日常にたくさん起きている選択に対して、何らかの基準を持っていますか。選択するシーンはたくさんありすぎて、それぞれに基準を持っていないのではないでしょうか？

そもそも、それぞれにいちいち基準を考えていたのではたいへんです。でも、選べないときには、その基準を明確にしていかなければなりません。それぞれに基準を持つことはたいへんですが、共通して使えるものがあればいいと思いませんか。基準に照らし合わせて、冷静に、そして自分の心に正直に選択をしていきましょう。

どうなりたいですか？

基準を見つける手順はこの後に説明をしていきますので、ここでは基準があることの必要性や効果などについてお伝えしていきます。

ＡかＢで迷う、するしないで迷うなど、さまざまなパターンの選択があります。

そこで、あなたに質問です。

あなたは選択をした後、どうなりたいですか？

たとえば、簡単なところでＡのネクタイか、Ｂのネクタイのどちらにしようかという選択があったとします。あなたは、そのネクタイをしてどういうところへ出かけるのでしょうか？　重要な会議、新規のお客様、仕事が終わってからの合コンなど、この後に起きるシーンを意識しているはずです。そのシーンで、あなたはどうなっていたいのでしょうか？　どんな自分と相手に思ってほしいのでしょうか？　また、どんな行動ができる自分になっていたいのでしょうか？　そのことをあなたは選ぶときに考えています。

そして選ぶことができているときは、「どうなりたいか」が、ひとつに絞られています。でも、できていないときは、どうなりたいかがいくつもあったり、ハッキリとしたものがなかったりしています。ネクタイ選びを例にすると、会議をメインに考えるか、その後の合コンをメインに考えるかが決まっていないと、ネクタイも決められません。

では、なぜ会議か合コンかを選べないのでしょうか？　それは、どちらも大事だからです。

会議での発言に説得力を感じさせる自分と、合コンで新しい出会いを得る自分、どちらもほしい。でも、これではネクタイは決まりません。

そして選べないときは、両方やりたい場合ばかりではありません。両方やりたくない場合もあります。営業に行くのは嫌だ、でも契約が取れないのも嫌だと悩むこともあるでしょう。どうなりたいのか、というものではなく、どちらにもなりたくないのです。

わからなくても考えてみる

以降でお伝えする4つのステップは、私が日頃相談をお聞きする中で実際にやっている質問や会話を仕組みにしたものです。質問に対して、すぐ答えが出る場合もあれば、なかなか答えが見つからない場合もあります。もし、すぐに見つからなかったとしても、あきらめないで、そのままもう少し考えてみてください。考えることが辛くなったら、他のことをしてもかまいません。頭の中には、見つからなかった質問が残っています。それが、ふとしたときに答えが見つかります。私が行なう場合でも、30分ぐらい時間をかけて行なう質問もあります。

みなさんは、自分自身で質問をしていくことになるため、もう少し時間がかかることと思います。簡単な質問ですが、初めてのことなので、じっくりゆっくり取り組んでみてください。あなただけの基準が見つかるはずです。

section 2

第一のステップ
「なぜ」の質問で原因を探る

4つのステップで用意すべきもの

この、あなたの選択の基準を見つける4つのステップでは、あなたに質問を投げかけていきます。それに対して、じっくり考えていってください。そして、考えるときには次のような環境を、できれば用意してください。

・他の人に話しかけられて中断することがないような場所、時間
・興味を引くようなものが周りにない
・落ち着ける椅子、または姿勢
・意見を言わずに話を聞いてくれる安心できる人

考えることに集中できる環境と、あなたの考えをただ聞いてくれる人がいてくれるとベストです。ネガティブな意見を言っても、うなずいて聞いてくれる人がいいのですが、もしいなければ一人で行なってください。誰でもいい、というわけではありません。

何が嫌ですか

では、質問に入りましょう。

あなたが決められないのはなぜなのか、その原因をとことん探っていきましょう。

「あなたは、その選択肢の何が嫌ですか」

じっくりと考えてみてください。

これは、誰かに聞かせるためのものではありません。あなただけの答えでいいのです。

「なぜ、そう思うのですか」

嫌だなと思うその感情は、なぜ起きるのでしょうか？　何か原因があって、そう思うのでしょう。

「なぜ、そう思うのですか」

さらに、その原因を探してみましょう。

「なぜ、そう思うのですか」

じっくりと考えてみてください。あなたがそう思う原因を見つけても、それを直さなければならないわけではありません。ただ、何が原因なのか見つけるだけです。

「なぜ、そう思うのですか」

あなたが、本当に気にしていることは何でしょうか。今まで考えていたこととは違う原因があるはずです。

「なぜ、そう思うのですか」

あなたが、この葛藤を超えるためには、どうしても原因を知る必要があるのです。今、考えてみましょう。

「なぜ、そう思うのですか」

そろそろ核心に近づいてきましたね。もうひと息です。あなたが選択できない本当の理由が、もうすぐわかります。

「なぜ、そう思うのですか」

ああ、これだったのか……。そういう思いが湧いたのなら、あなたが選択できなかった本当の理由に行き着くことができたということです。

何度も続ける

あなたに、これだけ何度も質問を重ねるのには理由があります。それは、答えになかなか到達しないからです。あなたが選べない理由は、何層にも重なった地層の奥深くにあるのです。そこに到達するまでには、あなたの固いガードに阻まれています。

仕事中に指示を受ける内容に納得がいかず、それにどう対応したらいいのか、決められないGさん。その方は、お会いするたびに会社の愚痴や、友人との関係の不満からお話がはじまります。長いときには、1時間以上その話は止まりません。でも、それはGさんが対応を決められない本当の理由を見つけるために必要な時間なのです。

誰かのせいにしたり、何かのせいにしたりして、本当の理由から眼を背けていても、自分自身で気づかなければならないのです。

そのためには、決められない理由をひとつずつ聞いていくことが必要です。だからこそ、何度もしつこく質問を繰り返すのです。最初は問題から逃げて、通り一遍な答えを出したり、他のことにすり替えた答えを出していたものから、何度も質問を繰り返すことで、しだいに本当の「なぜ」に行き着きます。

それまで、同じ質問で飽き飽きしていても、ひとつの質問について考えてみてください。そうすれば、あなたの答えに辿り着きます。

section

3

第二のステップ　価値観を見つける

どんなときに感情が動くのか

「なぜ、そう思うのですか」

この質問であなたは、本当の原因に行き着くことができました。そして、その原因は、あなた自身の価値観であなたの選択の基準となります。

それは、どういうことでしょうか？

あなたが、起きた出来事に対して、感情が湧くときというのはどういう場合でしょうか？　出来事があれば、必ずしも感情が動くというわけではありません。

先日、こんな話を聞きました。駅で電車が遅れたことに対して、とてもイライラしたと。「なぜ、そう思ったのか？」という質問を重ねたところ、最初のうちは、気温の低さやアナウンスがないことを答えていました。

さらに彼女の話を聞いていくと、「対応」に対して感情が動くことがわかりました。

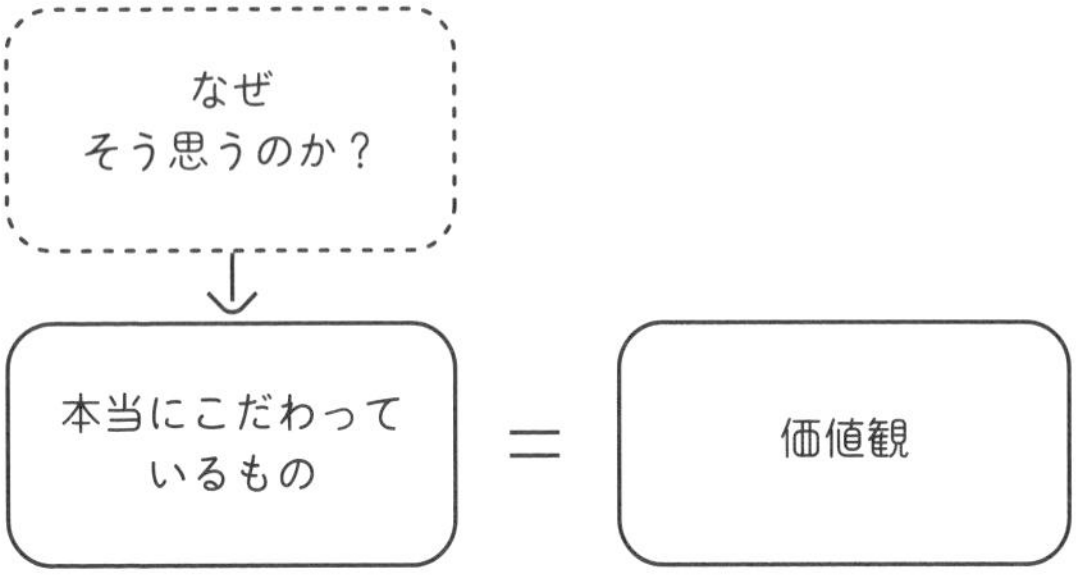

寒いことや、この後の予定が変更になってしまうことなどは、あまり気になっていないのです。人によっては、無意味に待つ時間やスケジュールの変更などにイライラするという意見もありました。でも、彼女の場合はそこではなく、対応なのです。

そこで、私はある仮説を立てました。対応に価値を置くということは、「彼女の職業は接客ではないか」と。駅員は、お客様の立場に立った対応をしなかった。それよりも電車の運行のほうを大事にして行動しているように、彼女は感じたのです。

人は、自分が価値を置いているものに関わる出来事が起きると、感情が動きます。価値を置いていないことには感情が動きません。彼女が対応以外の時間やスケジュールについては感情が動かなかったのは、そこに価値を置いていないからです。

人は、大きな行動をしようとするとき、意思の力だけではなかなか動くことができません。さらに、成功率が低かったり不確定である場合はなおさらです。行動するためには、感情を大きく動かすことが必要です。小さな行動、たとえば毎日の決まった行動は感情を動かす必要はありません。

しかし、少しハードルが高いと感じるような行動をするには、理屈でわかっていても、なかなか動けないものです。けれども、それが自分にとって重きを置く価値に触れる行動である場合には、たとえ成功率が低くても実行していきます。また、その価値を否定するような出来事や行動に対しては抵抗を示します。先ほどの例の、彼女の感情がそうです。彼女が重きを置く価値に対して、それを否定するような駅員の対応であったため、彼女は憤りを感じたという仕組みです。

行動の原動力を生み出す

では、逆に価値を活かすことができたり、尊重された場合はどうでしょうか。この場合は、行動へのハードルを感じません。「労を惜しまない」という表現がぴったりです。

管理栄養士でリンパトリートメントというボディケア店を営むHさんは、講師として活動できるチャンスがありながら、やってみようとしませんでした。それは、自分が何を話せばいいのかわからなかったのだそうです。でも、Hさんが身体に対して価値を置いていることは、「流す」ということでした。そこで、Hさんにしかできないテーマとして、その「流す」を身体や食べ方にどう取り入れるのかをお話ししてみては？　と提案したところ、俄然やる気を出してくれました。そして、次に会ったときには、講座の開催を決めていました。

楽しくもない仕事をするには、感情を持たないようにするしかない……そんな状態を続けていると、いつの間にか、自分にとって何が価値あることなのか、わからなくなってしまうのです。自分自身の基準というものをハッキリさせることが、困難を乗り越えていくための原動力となるのです。

section
4

第三のステップ

価値観は損なわれるのか

本当にそうですか

第二のステップで行動するときには、価値観の影響が大きいことがわかりました。次に第三のステップでは、「その選択をすることによって、本当に価値は損なわれるのか」ということを確認します。

あなたが今、選択できない状況にあるのであれば、あなたが大切に思っている価値が、選択することによって損なわれる……そう思っているからなのです。

しかし、はたしてそうでしょうか？　本当に、この選択をすることによって、あなたが大切に思っている価値は損なわれるのでしょうか？

前述の駅員の対応に対して憤りを感じた彼女は、自分自身が接客の仕事をする上で、接客というものの重要さを感じていて、さらに自分自身もよりよい接客ができるよう努力をしています。

選択すると……
価値観は
損なわれるのか？

では、駅員が彼女の接客に対して、何か悪影響を及ぼすようなことをしたのでしょうか？　そうではありません。ということは、彼女の感情だけには影響を与えたけれども、価値を損なっているというわけではありません。

このお話を聞いたときも、彼女に「価値を損なわれたような気がしたから、憤りを感じたんですね」と話したら、とても納得をしたようで、駅員へのいら立ちが解消されました。

彼女の「お客様への対応の大切さ」という価値は、駅員に否定されているわけではありません。ただ、できていない駅員に出会っただけです。そこで、彼女は感情を刺激されたのです。でも、自分の重きを置く価値を否定しているわけではないとわかった時点で、いら立ちが消え、冷静に出来事を判断できるようになりました。

ネガティブもポジティブも引き出す

価値観は、あなたのネガティブな感情を引き出しますが、逆の感情も引き出します。高く感じているハードルを越えるには、感情の力が必要です。もし、あなたが選択しようとする先がやりたいことなのに、できそうもないことのため決断ができないときには、自分の感情を大きく動かして、「やりたい」という気持ちを高めるのです。自分が大切に思うことや価値を尊重することであれば、「やりたい」という気持ちが強く湧いてくるはずです。

あなたが、選択できなくて迷っているとき、大切な価値に気づいていないことが多いのです。なぜ、自分の考えや行動が止まってしまうのか、その理由がわからなくて進めないでいるのです。

そして、大切に思う価値を確認したら、改めて選択肢を見てください。自分が選ぶことができなくて、引っかかっていた点がわかるはずです。

たとえば、前述のHさんは「自分がこの仕事をしたい」ということを言ったら、傲慢だと思われないだろうかとためらっていました。でも、その仕事はとても魅力的で、Hさんの方向性にも合っているものです。「なぜ、そう思うのか？」という質問を繰り返して見つけたのは、彼女の身体に対する「流す」ことの価値観です。これが講座を行なう場に合うかどうかという点で迷っていたのです。それを「傲慢と思ってしまう」その気持ちの解消に気持ちが向いていたら、なかなか解決することができません。

なぜなら、本当は傲慢とは思っていないからです。自分の迷っている点が自分自身でもわからなくて、もっともらしい理由を作ってしまうのです。

そして、自分の大切にしている価値観がわかると、決めるべき点が違っていたことに気づきます。Fさんの決めるべきことは、講師をやるかやらないかではなく、彼女のテーマである「流す」ことに自信を持っているかどうかだったのです。そして、講師としてやっていくことを決意することができました。

もう一度見る

大切な価値観を見つけた後、もう一度迷っていた選択肢を見てみると、今まで迷っていた点が違うことに気づくことが多々あります。私自身の経験としても、多くの方のお話を聞いても、それは間違いないようです。「なぜ、そう思うのか」という質問を重ねて、大切な価値観に気づき、そしてもう一度選択肢を見てみることをやってみてください。すんなりと答えがわかることがあります。

section
5

第四のステップ 決定、または新たな選択肢へ

最後にすること

いよいよ、あなたの決められない問題を決定していきます。この第四のステップに進んだ時点で、あなたは何を選べばいいのか、または最有力候補としての新たな選択肢が生まれているのではないでしょうか？

それでは、あなたはあと何をすればいいのでしょうか？

あなたは、「決める」ことをするだけです。その決める作業、これが第四のステップです。

では、「決める」というのは、どういうことでしょうか？

私は、常にゴールに達していない、達することができない、そんな思いにとらわれていました。私の何がそう思わせているのか、その原因に行き着き、そして、そのとらわれている思いから抜け出す方法もそのときに気づくことができました。抜け出す

方法は単純でした。悩んだり、落ち込んだりしていないで、目の前にある作業に取り組んでいくことだと、わかったのです。

でもそこで、またさらに私にとって大きなことに気づくことができました。それは「今、頭の中でどれだけ深くわかったと思っても、実際に行動に移るまでは何も変わらない」ということです。いくら腑に落ちても、実際の行動をしなければ、何ひとつ以前と変わらない、それどころか、「わかったのに、何も変わらない……」と、さらに悩んでしまうという悪循環を起こしてしまいます。それを断ち切るには、「行動する」しかないのです。

改めてそのことに気づいた私は、とにかく行動に移すということを実行しました。

最後ははじまり

「決定する」ことで、終わりにしていていたのでは、あなたの現状は変わりません。「この選択肢をやっていこう！」と決意したら、「やっている」になってこそ、あなたは変わることができるのです。

あなたは、心の中で何を選ぶのかをすでに決めています。それを行動できないでいるだけではないでしょうか？　行動に移すことができないから、迷ったふりをしているのではないでしょうか？

決定するということは、行動に移すことでもあります。「これをやっていこう」と心に決めて、実際に「やる」、ここまでが決定です。

そして、もし途中であきらめそうになったら、そのときにはまた決定です。だから、途中でうまくいかなくても、選んだことを間違いだったと思わないでいいのです。

新たな課題へ

もし、どの選択肢もあなたが大切にしている価値観を損なうと感じている場合、どの選択肢も選ぶことができません。大切な価値観を損なわないようにするには、何をプラスしたらいいでしょうか？

たとえば、こんな事例もあります。あるサークルに入会していた方がいます。その方はそのサークルにいることに、疲れを感じはじめていました。実は、何度も何度もやめようかどうしようかという相談を受けていました。そこで、なぜやめたいと思うのか、その理由を繰り返しお聞きしました。そして出てきたのが、「私は何ができる人間なのか、自分がわかっていない」ということでした。

たとえば、サークルをやめれば、その問題は解消します、でも「何ができる人間なのか」という問題は解消しません。サークルにも所属しない自分になって、ますます自分がわからなくなります。続けていても、ずっとその問題が頭から離れないので、活動にも身が入りません。「何ができる人間なのか」という問題が解消しないうちは、どちらを選んでも結果はよくないとわかっているので、選ぶことができません。

そこで、「自分は何ができる人間なのか」ということをハッキリさせることをプラスしました。

すると最初は、「じゃあ、サークルをやめよう」という方向に気持ちが傾きました。そこで私から、「自分は何ができるのかがはっきりしたので、やめなくても気にならないんじゃないですか？」と聞きました。そして、その方は、「それもそうだ」と納得をされて、新たな関わり方で、そのコミュニティへの参加継続することを決定しました。

大切な価値観が満たされていないことが原因で選択できない場合は、どちらも選択できない、またはどちらを選んでも大差がないと、やる気がなくなってしまいます。

自分自身に欠けているものを埋めていくと、自然に選択することができるようになります。

section

6

ものごとに価値観や想像をつけている

価値観や想像に振り回されていないか

葛藤を解消する4つのステップは、自分自身に質問を重ねていきます。周りを変えるのではなく、変わるべきは自分自身だからです。

私たちは、出来事やものごとに出会うと、いろいろ考えたり感じるという作業を自動的にやっています。それは無意識のうちに行なっているため、自分が考えたこと、自分が感じたことという意識がありません。

それはどういうことでしょうか？　たとえば、あなたの部下が、あなたに朝の挨拶をしないで、他の人にはしていたとします。実際の場面で考えてみてください。この出来事を、あなたはどのようにとらえますか？

私を無視しているのか……。

挨拶もできないなんて、仕事もできないだろう……。

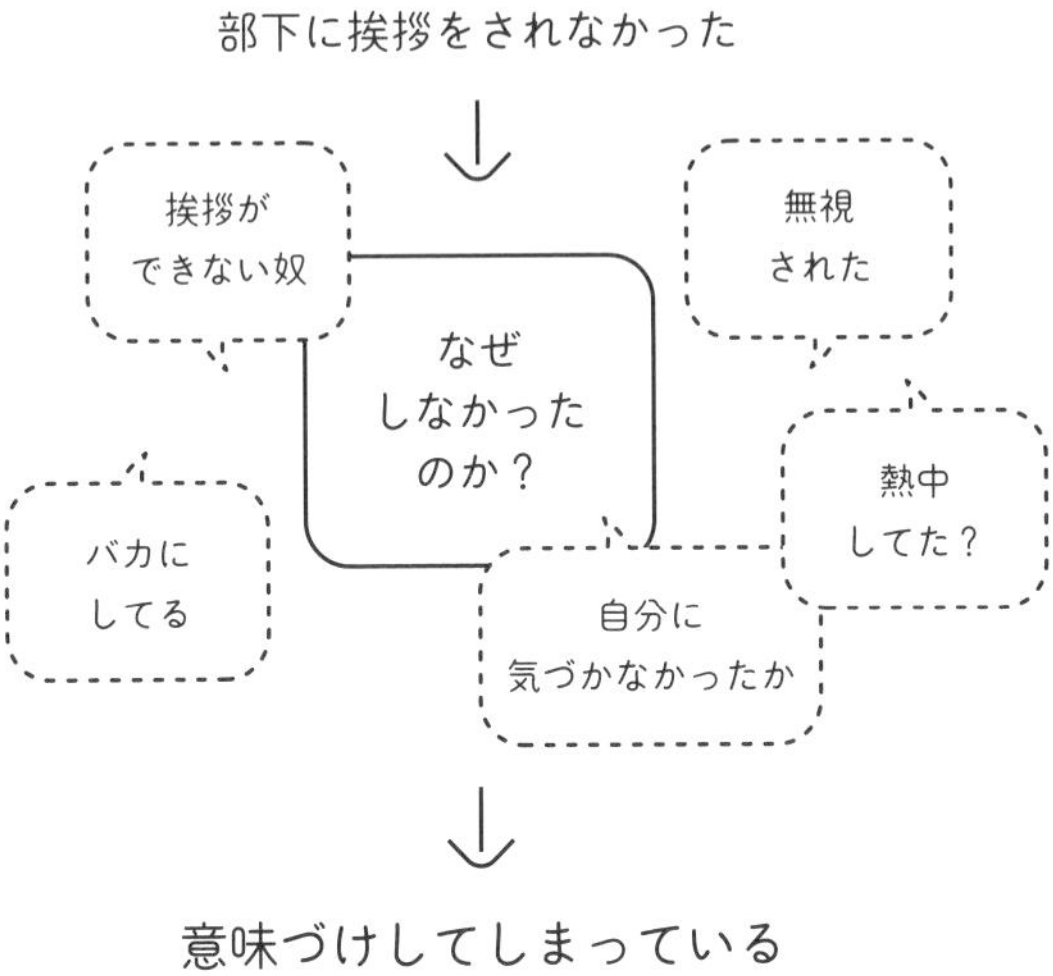
部下に挨拶をされなかった
挨拶ができない奴
なぜしなかったのか？
無視された
熱中してた？
バカにしてる
自分に気づかなかったか
意味づけしてしまっている

何か隠し事でもあって顔を合わせないのか？

これらは、すべてあなたの考えや感情です。

部下が、なぜ挨拶をしなかったのか、その本当の理由はわからないまま、あれこれと想像をふくらませていきます。

さらに、その部下がその後、上司であるあなたへの報告が遅れたとしたら、あなたはどう思うでしょうか？

先ほどの、挨拶をしなかったときの想像が確定に変わっていきます。

するとどうなるのか？

たとえば、プロジェクトメンバーの選抜をする際に、挨拶をしなかった部下を入れるかどうかというとき、あなたは部下の持っている能力を冷静に判断できるでしょうか？　抵抗を感じるのではありませんか？

人は、こうして想像でものごとを決めつけていくのです。起きた出来事やものごとに、価値観や想像などをつけて、本当かどうかもわからないものに振り回されていくのです。

過去の経験に基づいて……とか、相手の今までの言動から推察して……とか、もっともらしい理由があると思います。いかに自分の考えが正しいか、その根拠について並べることができると思います。

それでも、その考えはものごとや出来事に対するあなたの価値観や想像なのです。そして、その想像や価値観が、ものごとを冷静に見ることをできなくさせているのです。

では、冷静にものごとの本質を見ることができないとどうなるのでしょか？　この状態で、あなたにとって最適な選択ができるでしょうか？　ちょっと無理ですよね。

逆に、価値観や想像に振り回されないで、ものごとの本質や起きている事実だけを見ることができれば、最適な選択ができるということです。そのための方法が、この

４つのステップなのです。

感情を離す

自分自身の大切にしている価値観、そこに焦点を当てて、選択肢について考えていくことで、振り回されていた感情が少しずつ離れていきます。感情は、実はとてもやっかいなもので、あなたの行動を促すだけでなく、邪魔をしてきます。邪魔するものを消すのは、たいへんな労力を要します。そんな労力は、できれば決めた後の行動に使いたいものです。だから、感情を消すのではなく、「離す」のです。

「事実を見て、本質を探る」――これが、私のやり方です。

４つのステップ

もう一度、４つのステップを表にしてお伝えします。

［ＳＴＥＰ１］それぞれの何がイヤなことなのか・何を失いたくないのかを書いていきます。

何が嫌なのか？

←なぜ、そう思うのか

←なぜ、そう思うのか

↑ なぜ、そう思うのか

※自分で、「これだったんだ」と思い至る理由が見つかるまで続けます

［STEP2］最終的に見つけた理由を書きます。

※これが、あなたのブレーキになっている価値観です。そして、あなたにとって大切な価値観です

［ＳＴＥＰ３］選択をすることで、その価値観は損なわれるのか、もう一度確認します。

損なわれる　・　そうでもない

※「そうでもない」を選択した方は、この段階で葛藤が解消しています

［ＳＴＥＰ４］損なわれると答えた方は、その価値観を感じられる仕組みをプラスします。

※代案を考えるという時点で、すでに「選択できない」という葛藤から、何をしたらいいのか？　という考えに変わっています

chapter

6

決められない自分を変えていくための6つの習慣

section 1

考える前に動く

時間をかけない

本章では、決められない自分を変える方法として、身につけておくべき6つの習慣をご紹介します。どれも難しいものではなく、日常の中で取り組んでいけることばかりです。葛藤に陥る前に、日々の行動を少しだけ変えてみてください。

最初にご紹介する方法は、「考える前に動く」ことです。考えることはとても大切ですが、ときに考えすぎて動けなくなることがあります。これは、得意なジャンルや当たり前にやっていることでは起こりませんが、苦手なこと、やる気が起きないことで経験があるのではないでしょうか？

ものごとが決められない人は、なかなか行動ができないものです。なぜ、できないのでしょうか？　答えはとてもシンプルです。ひとつの行動に移るまでに、時間がかかりすぎているのです。勤務時間が8時間として、ひとつの行動、たとえばファイル整理で考えてみましょう。行動に移りやすい人は、やろうと思ったらすぐにやります。段取りを決めてからやる人もいれば、とりあえず取りかかるという人もいると思いますが、ファイル整理に取りかかるまでの時間が早いのです。すると、次の行動に移ることができます。

言い訳をしていませんか

では、行動に移れない人は、行動するまでの間何をしているのでしょうか?

それは、ぐだぐだと考えているのです。苦手感があったらやる気が起きないため、頭の中で後回しにするための言い訳をいろいろと考えているのです。何かがないとか、手順が悪いなどといった言い訳です。

行動に移るのがどんどん遅くなるだけなので、考える時間をなくしてしまいましょう。嫌なことをやらなければならないときにはすぐにやる。そして、そのことを考えないことです。考える前に、少しだけでいいから行動に移す。この方法で、行動に移す人になっていくことができます。

私自身にも、苦手なことが多々あります。その中でも、掃除がとても苦手です。いつやろうかなと考えているとなかなかできません。そこで、朝起きてすぐにはじめます。朝食も後回しにして、掃除に取りかかるのです。事務仕事も夕食の準備も同じで、間髪を入れずに行ないます。

現状を変える

では、なぜこのことで、決められない自分を変えていくことになるのでしょうか？ものごとが決められない人は、決められずに悩んでいる間、何をしているのでしょうか？　そうです、その問題に関することは、何も行動していません。考えているだけでは得られない「結果」を、行動することで得られるのです。

あなたが少しでも動けば、現状は変わります。そして、その変化を知ってほしいのです。嫌だ嫌だと考えて、なかなか行動に移れないときの心の中では、さまざまな思いが錯綜しています。

だからこそ、「嫌だ、やりたくない」という気持ちが起きる前に行動してしまうのです。そして、行動できる自分になってください。

ものごとには、じっくりと考えることが必要なものもありますが、すぐにやらなければならないことも多々あります。自分自身も、やったほうがいいと思っているのに行動できないことがあるなら、ぜひこの方法を身につけてください。先延ばしにしても、嫌な思いが続くだけです。

section 2

小さなことで選択のトレーニングをする

選択はＯＪＴで身につける

あなたが、ものごとを決められないのは、大きな問題ですか？　それとも小さな問題ですか？

たぶん、多くの人は大きな問題でしょう。他の人から見たら小さなことかもしれませんが、当人にとっては大きなことではないでしょうか。

ものごとを決められる人になるための習慣として、小さなことで選択のトレーニングをするのはなぜでしょうか。実際に決められないのは、大きな問題で、しかも毎回その内容は違います。それなのに、なぜ選択のトレーニングをするのでしょうか？

それは、多くの人は自分で選ばずに、習慣や常識、また周りの人に合わせて選択をしているからです。つまり、自分主体で選択をしていないのです。あえて言うなら、周りと同じでいたいという選択でしょうか。

その状態で、いきなり大問題の選択に当たろうとしているのです。これは、自分主体で決める選択をしたことがないまま本番を迎えているということです。だから、戸惑ってしまって心も身体もへとへとになってしまうのです。そうならないように、リハーサルをしましょう。仕事でＯＪＴ（オン・ザ・ジョブ・トレーニング）をスキルアップに取り入れるように、選択においてもＯＪＴを行なうのです。

選択のＯＪＴのステップ

では、どうやって練習をしたらいいのでしょうか。それは、自分にとって影響が小さいと思えることで選択をしていくことです。

具体的には、ランチのお店を選ぶとき、人に選んでもらうのではなく自分から選ぶ。休日はゆっくり休むのか、家族とどこかへ出かけるのかを自分で選ぶ。コーヒーかお茶のどちらになさいますか、と聞かれたら、飲みたいものを選ぶ。朝、ネクタイを選ぶ。こんな小さなことでもいいのです。そして選んでみて、そのときの気持ちを味わうことです。小さくても、一つひとつの気持ちを味わってみることです。

①選択肢を確認する

選択トレーニング

1 選択肢を確認する

2 選ぶ

3 選んだときの気持ちを味わう

4 選んだ結果を確認する

②選ぶ
③選んだときの気持ちを味わう
④選んだ結果を確認する

この4つのステップです。

なぜ、選んだときの気持ちを味わうのかというと、自分主体で選んだとき、どんな気持ちになるのかを知っておかなければならないからです。

選択を邪魔するものとして、「未知への不安」がありました。自分で選ぶという行為をすると、どんな気持ちになるのかを知らないから、不安になるのです。

そして、失敗しても痛手のあまりない小さな選択をすることで、経験値を積んでいきます。くれぐれも大きな問題でトライしないでください。あくまでも、トレーニングだということを忘れないようにしてください。

選択で充実の一日を作り出す

このトレーニングをすると、最初は疲れてしまうかもしれません。ふだんなら気に留めないような日常のことを考えていくわけですから、面倒くさいかもしれません。でも、頑張ってこれを続けていくと、ふと感じることがあります。

それは、「自分が、自分の一日を作り出している」ということです。今まで流されて、周りの人に合わせて暮らしてきたことに気がつきます。一日を作り出すのは、とても疲れることです。でも、とても充実します。自分の気持ちを知るということも、今まであまりしていなかったのではないでしょうか。そして、自分の好きなこと、嫌いなこと、楽しいこと、辛いことがわかってきたのではないでしょうか。

さらに選ぶことで、「責任」を感じていないでしょうか？　結果を確認することで、自分の選択がその後どうなるのか、よくも悪くも自分の責任ということです。小さな選択でも、それは十分に感じられるはずです。その責任を負っていくことに慣れてもらうことが、このトレーニングの一番の目的なのです。

このトレーニングをして疲れる方は、責任を負うことに慣れていなかったのではないでしょうか？　そうであるなら、このトレーニングの効果があったということです。本番の大きな問題が突然やってきてあわててしまう前に、何度も小さな選択でＯＪＴをして慣れておきましょう。

さあ、あなたの行動をどんどん選んでいってください。

section
3

自分の意思を確認する

目的と価値観を確認するだけでいい

私が、いろいろな方とお話をしていて、よくお聞きするのが「何がしたいのかわからない」「自分の大切なものがわからない」ということです。腕時計が大事とか、ブランドのバッグが大事とか、そういうことではありません。自分の目的と価値観です。葛藤に飲み込まれてしまうのは、自分自身の目的と価値観が明確になっていないからです。

そこで、もう決められない自分にならないために、自分自身の目的と価値観をハッキリさせていく習慣を作りましょう。

やり方は、とても簡単です。自分はどう思っているのか、を常に確認することです。目の前にビールがあります。自分は飲みたいのか飲みたくないのか。また、なぜ飲むのか。それを確認することです。

やりたいのか、やりたくないのかわからないという方は意外に多いのです。わからないけれど、周りがやるから、あまり考えずにやっている……そういうことはないでしょうか？

ここでのポイントは、「自分の意思を確認する」ということです。やりたくないという気持ちがわかっても、それでもやるときもあれば、やりたい気持ちがわかっても、それでもやらないときも出てきます。

ここで、意思を通すところまでやろうとすると、難易度が上がってしまい、なかなか取り組むことができません。そして、その難しさから、自分の意思を見えなくしてしまいます。自分の本当の意思がわかってしまったら、その意思にしたがってやらなければならないとなったら、本当の意思を知ることが怖くなってしまいます。すると本当の意思を知ろうとせず、そうでないものを自分の意思だとしてしまいます。だから、意思を確認するだけでいいのです。

「何のために」を何度も

そして、何のためにしているのか、これを考えることで、やりたくないけれどやる場合も、やりたいけどやらない場合も、納得して受け入れることができます。

自分の意思を確認すること、そして行動（やらないことも含めて）の目的を考えて、徐々にはっきりとさせていくことで、迷わない自分になっていきます。

はじめのうちは、ありきたりな目的が出てきます。それはどういうことかというと、「自分は、何のためにこの仕事をするのだろうか」ということを考えたときに、まず「お金のため」と考える人が多いのではないでしょうか？

しかし、仕事関連で何度も確認していくうちに、「お金だけではない」ということに気づいていきます。

そして、ありきたりな目的や、美辞麗句的な目的の場合も、もう少し考えてください。本当に自分自身が行動する目的がわかったときに、あなたは決められる人になるはずです。

今を味わう

私たちには毎日、同じことの繰り返しがやって来ます。劇的な変化は、そうそうやって来ません。昨日と同じような明日がまたやって来ます。そしていつの間にか、起きた出来事に対して、何も感じなくなっていきます。

ものごとが起きたときに何を感じているのかは、同じ出来事であっても実は毎回違います。過去のあなたは、今のあなたとは違います。でも、「同じだ」と思ってしまうと、変化に気づかなくなってしまうのです。自分の心の細かな変化に気づいてください。

心の細かな変化に気づくことができると、どうなるのでしょうか。自分の目的や価値観がハッキリして、決められる自分になれるだけでなく、毎日が充実してきます。同じ出来事がひとつとしてないことに気がつくと、一日一日が大切なものになっていきます。他のことを考えながら食事をしても、おいしくないでしょう。食事に集中して、しっかり味わうからおいしいのです。あなたの毎日も、集中してしっかりと味わってください。

section 4

事実を見る

意味をつけない

私の仕事は、お客様の葛藤を解消して、行動に移ってもらうことです。そのときに意識していただくのが、「事実は何なのか」ということです。あなたは、事実を見ていると思っているかもしれませんが、それは事実に対してあなたがつけた解釈である場合が多いのです。

人は、「失敗＝いけないこと」というように、解釈や評価をつけています。しかし失敗は、ただ単にできなかったという事実であるだけです。それをいろいろな解釈や評価をつけています。これを、日常生活の中で確認していきましょう。

「事実を見る」ということは、できているようで意外とできていないものです。私自身も迷ったり行動に移れないときは、事実だけを見ることができなくなっています。

たとえば、この原稿を書くということ。頭で考えて言葉にするという行為。なかなか書く気が起きないときに、書けない自分に対して、集中ができない根性がない人間だ、努力ができない人間だなど、あれこれと意味をつけてしまいます。そして、その意味に振り回されて、ますます取り組めない……これが事実を見ていない状態です。事実は、「書いていない」ただそれだけです。

では、事実を見るとどうなるのでしょうか？　「書いていない」ことが事実なので、ではどうするかというと「書く」という行動に行き着きます。それだけなのです。事実を見ると、とてもシンプルになります。

事実は行動

「事実だけを見る」というのは、自分がする行動は何なのかを改めて認識することです。その行動にまつわるいろいろな感情は、いったん横に置いておきます。

簡単そうに思えますが、なかなか事実という行動に気がつきません。

たとえば、朝同僚に「おはよう」と声をかけたのに、返事がなかった。あいつは自分のことを好ましく思ってないからだ。だから、聞こえていても返事をしないんだ。なんて奴なんだ。それでも、自分はあいつに挨拶をしなきゃいけないのか……ということで、悩んでいたＴＶ局勤務の30代の男性がいました。自分は仕事がしやすい環境を作ろうとしているのに、誰も理解してくれない。挨拶は当たり前のマナーなのに、それをしないなんて、仕事をチームでやっていく上でものすごく困る……と不満が溢れていました。

では、この場合の事実とは何でしょうか？　そうです。「挨拶をしなかった」ということだけです。

そして、自分から同僚に挨拶をしていくことに不満を持っていました。自分から挨拶することに対して、同僚に対するいろいろな思いがまとわりついてしまって、行動に躊躇してしまうのです。自分は挨拶をすることが、チームで仕事をする上で大切なことだと思っている。それならば、挨拶をしなかった同僚に対して、推測であれこれと評価をせず、ただ自分は挨拶をし続ければいいのです。なぜ同僚が挨拶をしなかったのかは、わかりません。確認したところで、その同僚の真意はわからないのです。

それならば、あれこれと推測で同僚のことを評価するのをやめて、自分は何をするのかということを考えて、そして行動に移していきましょう。

いったん気持ちがこじれてしまうと、なかなか事実を見ることができなくなってしまいます。それは葛藤に陥ったときということです。その状態になってしまう前に、どうすれば事実だけを見ることができるのか、どういうことが事実だけを見るということなのか、それを習慣化しておくことが必要です。

section 5

日頃、やらないことをやってみる

簡単なのにやっていない

6つの習慣の中で、「やらないことをやってみる」ことは、もしかしたら比較的簡単かもしれません。いつもは、朝食はコーヒーだけなんだけど、パンと果物を食べてみる。いつもは、電車の前から3両目に乗るんだけど、たまには5両目に乗ってみる——いかがでしょうか？　簡単そうでしょう。

習慣になってしまっていることを、ほんのちょっと変える。大きく変えることはたいへんだけれど、ほんのちょっとでいいのです。

これなら、簡単に取り組めるのではないでしょうか？

変化に慣れる

では、なぜ「やらないことをやってみる」ことが、決められない自分を変える方法なのでしょうか。

決めるというのは、自分で未来を選択していくことです。自分自身で、この先どうしていくのかを決めることです。決められないのは、その変化に対応できないからでもあります。だから、自分自身を変化に対応できるように日々トレーニングしていくのです。

自分を変えていくことには、勇気が必要です。それはやったことがないからです。それでどうなってしまうのか、あれこれ想像してしまうと思います。でも事実だけを見て、やってみることです。やってみないと、それによってどうなるのかわかりません。あれこれ想像していても、本当のことは何もわからないのです。

だから、まずやってみることが大事なのです。日頃やらないことを、やってみることで、あなたは今までとは違う自分になります。朝、コーヒーだけの自分から、コーヒーとパンと果物を食べる自分、3両目に乗る自分から5両目に乗る自分。こんな小さなことから、自分を変えていくことができるのです。

決められない自分を変えるというと、たいへん難しいことのように思われるかもしれません。でも、自分を変えるというのは、こういうことなのです。日々の習慣を変えていく。やらないことをやってみる。やっていたことをやめる。こういった積み重ねが、あなた自身を変えていくのです。

日々の習慣を変えることでしかわからなかったさまざまな感触。違うものが見えて、身体の感覚もいつもと違う。その自分自身を、楽しんでみてください。

section

6

自分の弱さを認める

積み木は崩すから高くなる

この「自分の弱さを認める」という習慣は、これまでとは打って変わって、とても難しいものかもしれません。一番避けたい、自分が自分でなくなってしまうような怖さを感じるものです。今まで、何とかプライドを保っていたものが、ガラガラと崩れてしまう……そんな怖さがあるのではないでしょうか。

私は、「自分」というものは積み木を重ねるようなものだとイメージしています。いろいろなことをして成長をして、そして心も成熟していく。そして、自分という積み木を高く積んでいく。

高く高く積み上げた積み木は、徐々にぐらぐらと不安定になっていきます。そして、もうこれ以上積めないという高さまで積んでいきます。このぐらぐらした積み木の塔が、一所懸命頑張っているあなたの心の状態です。

弱い自分を認めるというのは、今まで積み上げてきた積み木の塔を崩してしまうことのように思えるでしょう。たとえ崩れてしまったとしても、積み木が消えてしまうわけではありません。崩れた積み木を、もう一度積み直していけばいいのです。

そして、もう一度積み直すときには、一番下の基礎の部分を前よりも広くしていきます。すると、前よりも高く積めるようになります。

だから、積み木の塔を崩すことは、自分自身を成長させていくためには必要なことなのです。

私は、今まで何度も積み上げた塔を崩してきました。自分が今までやってきた方法に行き詰まってしまうときなどです。たとえば、私が企画運営をしている女性メインのイベントが、うまくいかなくなりました。主旨を変えたり、新しい参加者を募ってもなかなかうまくいかず、行き詰まりを感じていました。

今のままの自分では、何をやってもダメだ……これ以上、どうしたらいいのかわからない。そう思っていたときに、自分の根本的な弱さに気がつきました。「途中でやめてしまう」という弱さです。それに気づくことは、自分にとってかなり嫌なことでした。今まで、周りに見せていた姿とは違うからです。本当の自分はそうではないことを、認めるのはとても嫌なことです。何の力もない自分になってしまいそうでとても怖かったことを覚えています。

私が一所懸命積んでいた積み木は、上辺だけだったということです。そんなものは崩したほうがいいのです。弱い自分を認めることは、本当に強い自分になるために必要なことなのです。

ありたい自分の逆にある

「自分の弱さを認める」ためにはどうしたらいいのでしょうか？　自分のどんなところが弱いのか、ということですが、自分の弱さについては薄々気づいているのではないでしょうか？　はっきりと認識している方もいると思いますが、「自分は途中でやめてしまう弱い人間だ」「自分はそうなんだ」と認めることです。実際は、「そういう弱い面もある」というだけなのですが、このときには自分のすべてが崩れてしまうような思いになってしまいます。

でも、崩さなければならないのです。自分という塔の作り方が限界に来ているのだから、違う作り方に変えるためには、いったん崩す必要があるからです。

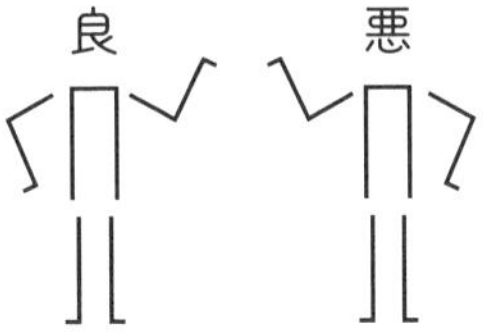

自分の中にはいいところもあって
悪いところもある
悪いところの中に
いいところもあって
いいところの中に
悪いところもある

崩れた自分になったら、あとは簡単です。弱い面に対して努力していけばいいのです。私の場合は、「やめようと思ってもあきらめない」ということです。その努力をしていくだけです。

上辺だけを取り繕っている自分では、「あきらめない自分」への努力はできません。「取り繕う自分」でいるための努力をしていただけなのです。努力の方向が間違っているのです。

自分の弱い面は、こうありたいという面の逆にあります。私の場合は、常に、努力をする自分自身でありたいと願っている一方で「常には努力できない」「やめてしまう」というのが、弱い自分自身です。

弱い自分は嫌ですか？　そうですね、私も嫌です。でも、そのままでいることは、もっと嫌ではありませんか？　あなたが決められる自分に変わりたいと思っているなら、避けられないことです。

決められない自分が嫌なのでしょう。それならば、まず「決められない自分なんだ」と認めてしまいましょう。そして、いろいろな習慣にトライして、弱い自分を超えていきませんか。

chapter

7

自分で選択できる明日を得るために

section 1

もう一度、分岐点に立つ

確定していない未来

「選ぶ」ということは、未来の方向性を決める作業です。その作業ができずに悩んでしまって思考も身体も動けなくなることが、葛藤に陥っている状況です。私たちは今まで、何度も何度も選べなくて葛藤に陥っていました。

なぜ、そうなるのでしょうか？

それは、選び方を知らなかったからです。選べなくなってしまうのは、今までのやり方では、当てはまらなくなってしまったのです。

5章の4つのステップでは、あなたの「本当にこだわっているもの＝価値観」を知ることができたでしょう。その価値観が、あなたの選択の基準となっていきます。

選べなくて葛藤に陥る時期があったから、あなたは選択の基準を得ることができました。その基準に照らし合わせて、もう一度選択肢を選ぶ状態、ここが分岐点です。

chapter7
自分で選択できる明日を得るために

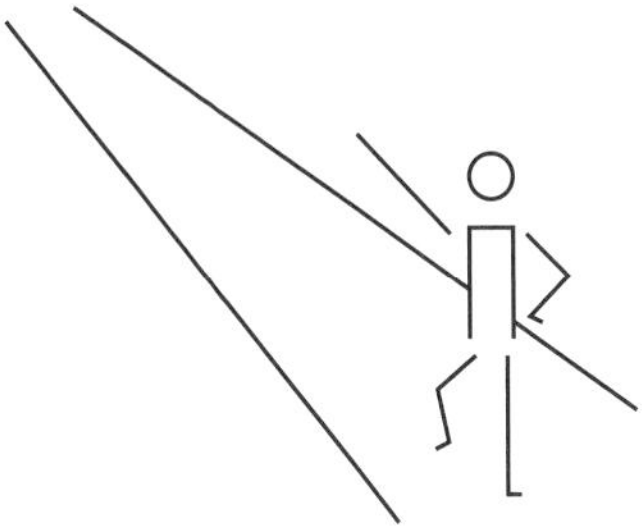

確実な未来は
何ひとつない。
それでも自分を
信じてやってみよう！

もう一度、分岐点に立って選択肢を考えてみると、どちらを選んだとしても、その先どうなるかは確定したものではないことに気がつかないでしょうか？

どちらを選んだとしても、その先自分が予測した通りにいくかどうかはわからない。それが、わかった上で、あなたはもう一度選択肢を検討しています。選択した内容によって未来が決まってしまうと、不安に思っていたときとは心理状態が違ってきます。

長い間、数日から数ヶ月間、もしかしたら数年の間、さんざん悩んだあなたは、何度も何度も決めようとしてきたことでしょう。決めようとしても、心が揺らいでしまう自分に苦しんできたのでしょう。

そのときとは違います。自分は今、しっかりとこの選択肢と向かい合って真剣に考えることが必要なのだ、という気持ちに変わっています。このプロセスが、とても大切なのです。

不安を仕分けする

葛藤という状態は、不安がからみつき、本来の選択しなければならない問題以外の問題が絡んで、さらに複雑にさせて、何をどうしたらいいのかわからない、という状態です。ここで、不安な気持ちの仕分け作業をしていくことにしましょう。

仕分けとは、「関係レベル」をはっきりさせていくことです。関係レベルとは、本来の問題に直結しているのか、二次的三次的な問題と関係度によってレベル分けすることです。

たとえば、転職するか、それとも残って頑張るか、という選択を迫られているとき、将来の見通しのなさや、自分自身の可能性などから不安になります。そこへ、奥様からの意見や子どもの進路などといった家庭の問題、同期の出世やリストラ、実家の母親の介護など、決してひとつの問題だけではないのです。

そういった、複雑に絡んだ問題を整理して仕分けをしていくのです。妻の意見、子どもの進路、同期の出世やリストラ、母親の介護などは別問題だと切り分けるのです。

それぞれ関係がまったくないわけではありませんが、本来はここで考えるべき問題ではありません。本来考えるべき問題だけに絞って集中できる状態にすると、不安はぐんと減ります。自分が何に不安を感じているのかを書き出してみることも必要です。本来の問題に直結するのかしないのか、仕分けしていくのです。

転職するので、収入は変化します。収入について考えることは、直結した問題です。でも、その収入の変化によって子どもの進路を考えることは二次的な問題です。それを仕分けできれば、あなたはもう一度分岐点に立つことができます。本来選択しなければならない問題に、正面から取り組める状態になれます。

何度も分岐点に立てる

不安は何度もやって来ます。そのたびに、直接的な問題と二次的な問題に仕分けをして、本来考えるべき問題に立ち返る——この作業を繰り返すだけです。

一度の仕分け作業でこれからの人生すべてが解決するわけではない、ということは、あなたもおわかりだと思います。でも、不安を振り払う手順を知っていれば、何度でも本来の問題に向き合う「分岐点に立つ」ことができます。

【不安仕分けシート】

記入方法

① 本来の選択すべき問題を★に記入

② ★の問題を考えたときに湧いてくる不安や問題を☆欄に記入

③ ☆の不安や問題の関係レベルを分ける

◎直接関わる問題・○やや関係ある

★[本来の問題]

☆不安や心配なこと

section 2

何度でも自分を信じる

明日は不確定

自分で選択できる明日を得るためには、どうしたらいいのか？　たとえ選択したとしても、結果は必ずしも確実に手に入るわけではない。不確定な未来が待っているだけです。

たとえば、離婚するか、このまま結婚生活を続けるか、どちらを選べば、自分の人生が幸せになるのか確定しているわけではありません。たとえ不仲であっても、結婚生活を続けていくことを選択した場合、その後に起きることは不愉快なことばかりではなく、配偶者が病気になったときにお互いがかけがえのない存在であったことに気がつくかもしれません。当たり前のように相手が作ってくれた朝食が、病気になってみて、やっと感謝の気持ちが湧いてくるかもしれません。

もし、離婚をするという選択をしても、この先苦しい生活をすると決まったわけではありません。自分の時間が持てるようになって、新たな自分の趣味を持つことができるかもしれません。離れてみることで、家族のありがたさがわかってくるかもしれません。

失敗も引き受けられる

その不確定な未来を、選択していくことができる人がいます。どっちにしたらいいのか、悩んでしまうような場面でも、決めていくことができる人です。それが決められる人は、何をどう考えているのでしょうか？　物事を、どう捉えているのでしょうか？

その答えは、このご相談の中にありました。先日受けたある女性は、「自分には自信がない」ということが相談の中に含まれていました。「自信とは何でしょうか？」とお尋ねしたところ、「達成の経験」と答えました。さらに聞いていくと、自信とは「経験値があること」。そして、その経験には「失敗も成功もある」と変化しました。

ご相談のときは、その女性に、「失敗も成功もありますか？　失敗したことを認めていますか？」とさらに尋ねました。そこで彼女は、「自分は失敗も成功もある、だから失敗したことも認めている自分は、自信があると言っていい」と、自分で新たな自信の定義を作り上げました。また、それによって、「自信がある」と言えるようになりました。

ものごとを決めていくためには、自分を信じる気持ちが必要です。なぜなら選択した結果、「失敗」になるかもしれないからです。決断の結果、必ずしも成功が待っているわけではないからです。

ただし、その結果が失敗であっても成功であっても、自分で引き受ける覚悟ができたものごとを選ぶことができます。

自信とは、自分を信じることです。それは、「できる結果を出した実績を信じる」のではなく、「失敗をしても、何度でもチャレンジする自分自身を信じること」が自信です。

section

3

決意する

私も決意できなかった

ものごとを決めるとき、必要なのが決意です。あなたは今まで、どんなことを決意してきたでしょうか？　また、そのときはどうやって決意をしましたか？　決意の方法がわからないと、あなたの気持ちはなかなか定まりません。いつまでも、「どうしようかな……」と悩んでしまうことになります。

では、私は決意がすっとできるのかというと、残念ながらそうではありません。悩みます。ぐじぐじと悩みます。もしかしたら、あなたのほうが決意しているかもしれません。

でも、ぐじぐじする私だからこそ、みなさんの葛藤を解消することができるのです。なかなか決意できないからこそ、決意を固めていくプロセスがわかるのです。

その決意とは、どういったものでしょうか。これは、意を決すると書きます。「意」

とは、仏教用語では、『あれこれと思いめぐらせる心の働き』だそうです。それを「決する」は、はっきりと決めることなので、「決意」とは、あれこれと思いめぐらせていた心を、はっきりと決めるということです。

私も過去、いろいろな決意をしてきました。若い頃の「後先考えないで行なった決意」だけではなく、大人になってからの「失いたくないものができてからの決意」もあります。

そのとき、どうやって決意することができたのでしょうか？　それを振り返ってみます。

私の場合、長く務めた勤務先を辞めよう、独立してやっていこう、そう決意したことです。私は、ある会社のコールセンターで10年近く勤務していました。オペレーターとして入社し、その実力が認められて、オペレーターの指導をする担当へと昇格しました。そういった昇格が起きたのは、その会社始まって以来のことでした。

そして、指導方法の改定やマニュアルの作成、クレーム対応、オペレーターの平均勤続期間も1年未満だったものを、3年近くに伸ばしました。いただいていたお給料も、安定していました。

葛藤のはじまりから決意

ところが、自分の中で定めた目標を達成してしまったとき、この仕事を続ける意味が見出せなくなってしまいました。そして、できればフリーランスになって仕事をしたいという次の夢が大きくなってきたのです。

フリーランスにはなりたいけれど、仕事が入る確証はない。副業でもいいんじゃないか？　そういう気持ちと、もうこの会社にいても、自分の成長はないという気持ちの間で迷っていました。

迷いながらも、時間は過ぎていき、当初年度替わりを区切りにしようと思っていたのが、年度を超えてしまいました。そして、数ヶ月たったところで、私の配置換えがありました。ますます、私のやりたかった仕事から離れてしまい、そこでようやく決意することができました。

私はここにいてはいけない、退職してうまくいく保証はないけれど、それでもチャレンジしていこうと決意しました。

私の場合、後がなくなったような状況でやっと決意ができたのです。

決意をするということは
失敗する自分も
受け入れること

決意することを先延ばしにしていると、どんどん厳しい状況になっていきます。それをわかっていても、決意をすることをなかなか考えたくありませんでした。

決意をするには、失敗をする自分に慣れることです。人によって、失敗の種類によって受け入れやすかったり、受け入れがたかったりします。失敗を受け入れたときに決意ができます。失敗をしたら、自分自身の評価が下がってしまう。困った問題が次々に起きる……そんな不安が湧いてくるものです。

どうやったら失敗を受け入れられるのか？　賛同者を見つけることで、背中を押してもらえるかもしれません。いろいろな失敗の可能性を想定して、シミュレーションをすることで安心感が得られるかもしれません。

何よりハッキリしているのは、いつかは決意しなければならないということです。あなたは、いつか決意を迫られます。どちらを選んだとしても、結果は保証されていません。どちらを選んだところで、失敗の可能性はあるのです。それならば、あなたは決意できるのではないでしょうか。

section 4

周りを変えようとしない

誰が原因か？

もし、あなたの周りの人が、あなたの邪魔をしていたとしたら……

もし、あなたの周りの人が、あなたの話を聞いてくれないとしたら……

もし、あなたの周りの人が、あなたを助けてくれないとしたら……

あなたは、そのときどうしますか？ 悪いのはどちらだと思いますか？ 周りの人でしょうか？ それとも、自分自身でしょうか？

自分に原因があると思えないことなら、自分が変わる必要はありません。周りが変われればいいのでしょう。

私自身も、この経験は数多くあります。電話オペレーターの指導をしていたときは、こんなことの連続でした。私はちゃんと教えていた。なのに、オペレーターが間違えてクレームになる。私は手順を伝えていた。なのに、オペレーターが違う手順でやってしまって、お客様に迷惑をかけた。

これは、日常的によくあるミスです。でも、どうやってこんなミスをなくすことができるのか？　また、原因はどこにあるのか？

私は、ミスをするのはオペレーターの責任だと思っていました。なぜ、指示されたことをしないのか？　どうして、できないのか？　そう考えていたのです。でも、なかなか変わりません。

変わらないので、さらに指導をしていました。あそこが悪い、ここが悪い、まだ直ってない……と、それはそれは、うるさく指導をしていました。ここまでやっても直らないのは、原因は違うのでは？　とやっと気づくことができました。

周りの環境、周りの人の能力、周りの人の気持ちを変えるのは、労力ばかりかかって、全然効果が上がりません。

原因は自分自身

では、何を変えたらいいのでしょうか？

それは、簡単な答えでした。「自分自身」です。

自分なら、自分の意思と行動で変えることができます。周りの人を変えようとしても、そのためには、周りの人の意思と行動を変えなければなりません。環境を変えられるのは、さらにその先のことです。

しかし、自分なら変えられるのです。それは、あきらめることではありません。今まで、原因は周りにあると考えていた、その考え方を変えるのです。「原因は自分にある」という考えに変えるのです。注意しなければならないのは、自分を責めることではありません（心の病に罹っている方は、専門家の意見を聞きながら進める必要があります）。

「原因は自分にある」という考えに変わることができれば、自然に改善点が見えてきます。

私の場合なら、指導方法が間違っていた。では、他にどんな指導方法があるのか？オペレーターの心理がわかっていなかった。ミスをする心理について知識がなかった。行動を起こす心の動きについて知らないなど、私自身の課題が見えてきました。

そして、仕事ができない人に対して、怒りを感じる自分の性格などを見つけることができました。指導をする立場なのに、オペレーターの気持ちがわからないどころか、

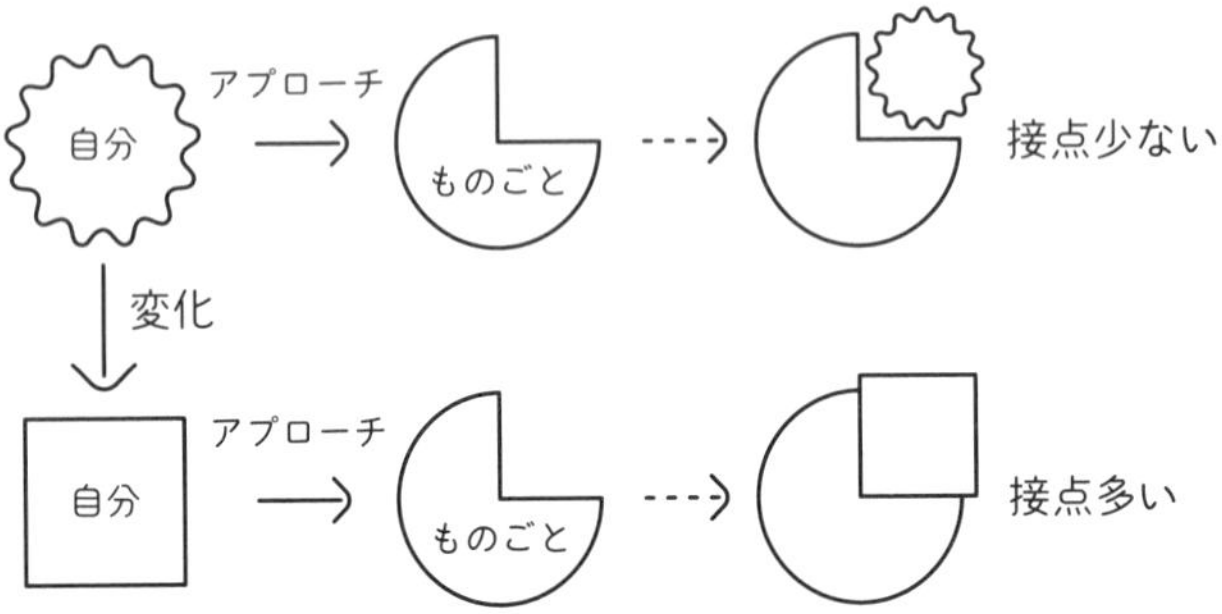

怒っているようでは、指導の効果など出るはずがありません。オペレーターは怒られていると思ってしまうだけです。
変わるべきは、私自身だったのです。自分の考え方を変えて、行動を変えていかなければ指導はできなかったのです。まず、怒ってしまう自分の気持ちを変えていくことでした。
そのことに気がついてから、ミスが起きたとき怒らなくなったとなれば、すばらしいのですが、そう簡単にはいきません。怒りたい気持ちは、いつも出てきます。けれど、怒りに任せてしまうことはなくなりました。なぜなら、怒ることに劣等感を抱いてしまうようになったからです。
そこから、徐々に私自身が変わっていきました。オペレーターがミスをしても、怒って叱ることはなくなり、ミスをした相手の心情に寄り添うことができるようになったのです。

周りを変えようとしても、ほぼ抵抗に合うし、なかなか変わらないことに気がつきます。あなたが、ものごとを決められないことを、何かのせいにしているなら、それでは何も変わりません。

周りを変えても自分が変わらなければ、同じような状況にまたなってしまうでしょう。しかし自分が変われば、自然に周りも変わっていくかもしれません。

section

5

自分の目で見てみよう

自分の目で見るとは？

あなたは、自分の目でものごとを見ているでしょうか。そんなことは当たり前と思われるでしょうが、「自分の目で見る」ことについて、改めて考えてみましょう。

たとえば、あなたの周りで突飛なアイデアを出す人がいたとします。あなたはそのとき、そのアイデアをどう判断しているでしょうか。その場に影響力のある人が「いいね」と言ったら、それに合わせてしまっていないでしょうか？　あるいは、通勤途中に道に迷っているおばあちゃんを見かけたとき、周りの人が知らん顔しているのに合わせていないでしょうか？　また、世間で事件や事故などが起きたとき、あなたはそれを伝えるニュースキャスターや新聞などの意見に合わせていませんか？

もし合わせているなら、あなたはものごとを自分の目で見ていない、ということです。

自分の目でものごとを見るというのは、しっかりと事実を把握して、それに対して他の人の評価ではなく、自分自身の感じたことや考え方を持つことです。他の人の、ものごとに対する感想に振り回されないことです。

本当にあなたの感想ですか？

「自分の目で見る」ことは、簡単なようでいて実は難しいことなのです。今の時代の流れや、あなたの立場や環境から選んだものではないでしょうか？

「上司たるもの、部下に対して的確な指示を出さなければならない。失敗を見せてはならない。部下の話をしっかり聞いて好かれる上司になろう」

「そろそろ結婚しようと思う。30代になったし、周りもみんな結婚しているし、しっかりしなきゃいけないんだよね」

本当にそう思っているでしょうか？　周りから、どう見られているのだろう。自分の対応は正しいのだろうか。そんな考えがよぎるなら、それは自分の目で見ていない証拠です。常識や社会通念、周りの評価といった目で、ものごとを見ているのです。

では、自分の目でものごとが見られないと、どのような弊害が起きるのでしょうか？　多くの人が、自分の目で見ることができずに、常識や社会通念、周りの評価で

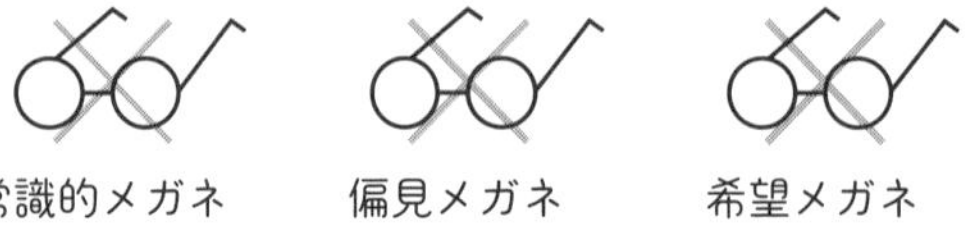

自分の心を素直な目で見よう

ものごとを見ているので、できていなくても気にならないのです。

でも、当然ですが、自分の意思、考え、感情というものが、わからなくなります。ものごとに出会ったとき、自分自身の目で事実を見て考えることができなくなっているからです。自分自身の考えや感情だと思っているものが、そうではない場合が多い、ということです。

これでは、ものごとを決断することなどできません。決断するというのは、あなた自身の意思を決めることです。その意思が自分のものではないとしたら、いつまでも決められないのは仕方がないことでしょう。

自分でものごとを決めていくためには、あなた自身の目でものごとを見て、自分自身の考えをしっかり持つことが必要なのです。

section 6

変化や選択があなたの未来を変える

悩むことはマイナスではない

私は、自分自身の経験、とくに多くの方の葛藤を解消してきた経験から、考え悩むことは決してマイナスではない、と考えます。しかし、迷って不安の中で悩んでいる状態は、苦しいものだと思われます。

この苦しい状態から、安心して悩んで考える状態になることです。それには、考え悩むことは、自分の気持ちをはっきりさせる上で重要なことという理解が必要です。

そして、自分の未来を選んでいくのです。自分が、これからどうやっていくのかを、しっかり悩んで選ぶことはとても意味のあることだと、どなたの事例を見ても感じることができます。

現実を変える簡単な方法

葛藤を抱えることは、ある意味、あなた自身を成長させることでもあります。でも、ひとつ重要なことがあります。

それは、葛藤を抱えている状態も、決意をした状態もあなたの心の中、頭の中で行なっていることで、現実には何も変わっていないということです。悩みが解消して、心が軽くなった。これだけでは、現実は何も変わりません。では、現実を変えていくにはどうすればいいのでしょうか?

これは簡単なことです。それは、「やってみる」ということです。私が、とても大切にしている言葉が「やってみよう」という言葉です。本書の中でも何度も出てきましたが、「やってみよう」というその思い、そして、行動に踏み出すその一歩。それが、とても大切なものだと、多くの人から学びました。行動しなければ、何も変わりません。でも、行動すれば変わります。

この単純な、でもとても大きな変化。私たちは、変化をとても怖がっています。変化を怖がっていないなら、悩むこともないはずです。どんどん、自分を変化させていけるはずです。

人は、変化を怖がるけれど、変化しなければならないのです。同じでいたいと思っても、年齢を重ねる、環境が変わる、社会が変わることで、自分が変わりたくないと思っていても、変化が求められます。そして、変化の前には選択があります。変化を怖がるから、選択ができないのです。

何度でも「やってみよう」

何度もお伝えしますが、「やってみよう」です。大事なのは、結果ではありません。このことを、頭に入れておいてください、たとえ、今は「やってみよう」ができなくても、何度も反復して思い出すようにしてください。何度も何度も思い出すと、その考えが、あなた自身に浸透していきます。そして、「やってみよう」ができるようになるのです。

夫婦仲が冷え切った状態だった方が、悩んで出した決意を行動に移した結果、信頼関係で結ばれたご夫婦に変わりました。

自分の仕事を宣伝できなかった方が、毎月キャンペーンの案内メールを送るようになって、着実なペースでお客様が増えていきました。

営業成績が振るわなかった方が、自分の価値観を知って起業することになりました。

緊張するお子さんへの対応に困っていたお母さんが、お互いが抱えていたストレスを解消するスキンシップをするようになりました。

あなたが今、葛藤を抱えているなら、それを解消する方法は「やってみる」ことです。実は、こんな簡単なことなのです。簡単なことこそ難しいものです。だから、自分に自信をつけて、大切な価値観を知って、心を休めて……そんなステップが必要なのです。

葛藤は、これから先何度もやって来ます。手を変え品を変え、あなたの前に選択を突きつけることでしょう。何とかやり過ごしたとしても、また超えられないと思える問題がやってきます。葛藤に終わりはないのです。

「こんな苦しい思いはもうしたくない」と願っても、また違う問題として選択を迫られます。これで大丈夫、もうあなたは苦しまない、そんな保証はできません。それでも、あきらめないで、「やってみよう」を続けるだけです。それによって、あなたの未来を変え続けていってください。

【著者略歴】
林　日奈（はやし ひな）
2000年より9年間、一般社団法人日本自動車連盟 中部本部指令室にて25万件以上の顧客からの電話応対と、400人以上の新人研修を行なう。その中で、相手の本心を瞬時につかむコミュニケーション能力と、ストレスを軽減し、行動につなげる人材育成を実践。2006年より、国際コーチ連盟認定校コーチングアカデミー名古屋校にてコーチ育成のインストラクターとなる。現実的に行動するための感情の仕組みの解説が人気を呼ぶ。2009年より、OFFICE SUNSHINEを立ち上げ独立。大手スーパー、美容室、ボディケア業界への研修や社団法人国際ホリスティックセラピー協会認定校ＹＭＣにて心理学講師として活躍。また経営者、個人事業主に対して「自分らしさ」を引き出すコンサルティングや講座、イベントを企画。
その他に、起業家支援PRイベント「N-1グランプリ」の運営に携り2014年より、N-1情報ペーパー「New-1」編集長を務める。

“ものごとが決められない自分”を変える法

平成26年4月10日　初版発行

著　　者 ―――― 林　日奈
発 行 者 ―――― 中島　治久
発 行 所 ―――― 同文舘出版株式会社
東京都千代田区神田神保町1-41　〒101-0051
営業(03)3294-1801　編集(03)3294-1802
振替00100-8-42935　http://www.dobunkan.co.jp

ISBN978-4-495-52641-2
印刷／製本：三美印刷
Printed in Japan 2014